tradução
Renata Lucia Bottini

O uso de histórias no ambiente de trabalho:

utilize histórias para melhorar a comunicação e construir relacionamentos

Terrence L. Gargiulo

EDITORA IBPEX

Av. Vicente Machado, 317 • 14° andar • Centro • CEP 80420-010 • Curitiba/PR • Brasil
Fone: [41] 2103-7306 • www.editoraibpex.com.br • editora@editoraibpex.com.br

Conselho editorial	Dr. Ivo José Both (presidente)	Preparação de originais		Monique Gonçalves
	Drª. Elena Godoy			
	Dr. Nelson Luís Dias			
	Dr. Ulf Gregor Baranow	Capa		Denis Kaio Tanaami
Editor-chefe	Lindsay Azambuja	Projeto gráfico e diagramação		Frederico Santos Burlamaqui
Editores-assistentes	Ariadne Nunes Wenger			Stefany Conduta Wrublevski
	Marcela de Abreu Freitas	Iconografia		Danielle Scholtz
Editor de arte	Raphael Bernadelli			

Dados Internacionais de Catalogação na Publicação (CIP)
(Câmara Brasileira do Livro, SP, Brasil)

Gargiulo, Terrence L.
  O uso de histórias no ambiente de trabalho: utilize histórias para melhorar a comunicação e construir relacionamentos/Terrence L. Gargiulo; tradução de Renata Lucia Bottini. – Curitiba: Ibpex, 2011.
  Título original: Stories at work: using stories to improve communications and build relationships.
  Bibliografia
  ISBN 978-85-7838-781-5

  1. Aprendizagem organizacional 2. Comunicação nas organizações 3. História - Aspectos psicológicos 4. História - Aspectos sociais I. Título.

10-08272   CDD-658.45

Índices para catálogo sistemático:
1. Comunicação empresarial : Administração de empresas   658.45

Título original
Stories at Work: Using Stories to Improve Communications and Build Relationships

Publicado no Reino Unido por Praeger Publishers

1ª edição, 2011.

Foi feito o depósito legal.

Informamos que é de inteira responsabilidade do autor a emissão de conceitos.

Nenhuma parte desta publicação poderá ser reproduzida por qualquer meio ou forma sem a prévia autorização da Editora Ibpex.

A violação dos direitos autorais é crime estabelecido na Lei nº 9.610/1998 e punido pelo art. 184 do Código Penal.

Translated from the English Language edition of *Stories at Work: Using Stories to Improve Communications and Build Relationships*, Terrence L. Gargiulo originally published by Praeger Publishers, an imprint of ABC-CLIO, LLC, Santa Barbara, CA, USA. Copyright © 2006 by the author(s). Translated into and published in the portuguese language by arrangement with ABC-CLIO, LLC. All rights reserved.

No part of this book may be reproduced or transmitted in any form or by any means electronic or mechanical including photocopying, reprinting, or on any information storage or retrieval system, without permission in writing from ABC-CLIO, LLC.

Sumário

Agradecimentos **9**

Prefácio **11**

Introdução **13**

Parte I:
O que as histórias podem fazer

1. Comunicando-se através de histórias **21**
2. Estudo de caso: Kinship Center **41**
3. Administrando através de histórias **61**
4. Estudo de caso: Sodexho **95**
5. Liderando através de histórias **107**
6. Estudo de caso: Ambiente para o Progresso Organizacional (APO) **141**

Parte II:
Colocando as histórias para funcionar

7. Montando um índice de histórias pessoais **155**
8. Colagem de histórias **197**
9. Exercícios e ferramentas **215**

Sugestão de leituras **249**

A *mio padre e mio maestro*, por instilar em mim a paixão pela comunicação, e a Luis Yglesias, por abrir meus olhos para a mágica das histórias.

Agradecimentos

Tanta gente maravilhosa abasteceu minha paixão por comunicações, minha reflexão e meu aprendizado. Meu pai me inspirou a cada passo do caminho, por meio de sua genialidade na música. Luis Yglesias me apresentou às inexploradas águas das histórias e me ensinou a navegar. Estou em dívida para sempre com minha mãe, por me mostrar a arte do cuidado, da atenção e da audição emocional. Revigorei-me com o constante estímulo de minha irmã, Franca, para perseguir meus sonhos. O espírito gentil e coração generoso de minha esposa, Cindy, conhece todos os altos e baixos de meu processo criativo e estou em dívida com ela pelo incansável amor e crença em mim. Meu filho, Gabriel, e minha filha, Sophia Rose, são faróis no meu caminho. Espero que levem quaisquer méritos de meus pensamentos para muito além da minha mais absurda imaginação. Estou em dívida com Eric Valentine, que acreditou em minha voz como autor e despendeu tempo para me ajudar a crescer e a amadurecer como escritor. Nick Philipson é incrível. Estava sempre pronto para mergulhar em uma de minhas entusiásticas e delirantes seções de *brainstorming* com temerário abandono. Ele contribuiu muito para que eu me enfocasse e esclarecesse as ideias. Por último, quero agradecer à turma da Praeger, que foi muito legal – foi um prazer trabalhar com eles.

Prefácio

Sinto-me privilegiado e deliciado em compartilhar minha paixão com você. Sou um insaciável estudante de comunicações. Quando criança, ficava maravilhado com a facilidade que meu pai tinha, como maestro, de comunicar emoções complexas com o movimento da sua batuta e o brilho do seu olhar. Minha mãe me hipnotizava com seu poder de interpretação artística como cantora e com a habilidade que tinha de transferir a animação que vivia nas letras a qualquer pessoa que com ela cantasse. Então, como garoto soprano, tive a oportunidade de experimentar o poder da história quando desempenhei o papel do menino aleijado na ópera de Gian Carlo Menotti, *Amahl e os visitantes da noite*. Toda noite, quando representava a ópera, sentia uma indescritível onda de eletricidade quando Amahl era curado na história. Lembro-me daquela experiência até hoje, e ela é responsável por inspirar a ópera que meu pai e eu terminamos recentemente, intitulada *Tryillias*. Esses são apenas alguns dos primeiros passos inconscientes que dei para entender como nos comunicamos profundamente com nós mesmos e com os outros. Como com qualquer outro, crescemos com esse talento, enquanto ele, pacientemente, espera que o alcancemos, para que possa de novo nos encher de admiração.

É uma época empolgante no mundo das comunicações, da administração e da liderança. Um sem-número de brilhantes e dedicados pensadores, escritores, eruditos e ativistas adicionaram alguns *insights* surpreendentes ao nosso conhecimento coletivo. As histórias ocupam um lugar comum de preeminência em todas essas linhas convergentes de pensamento, que incluem o trabalho inicial em novas técnicas de facilitação de Harris Owen, as investigações apreciativas de David Cooperrider, o trabalho de Eteinne Wenger com comunidades de prática, o movimento capital social, as contribuições de Peter Senge sobre aprendizado organizacional, o trabalho de Humberto Maturana e David Bohm sobre conversações, o trabalho de Juanita Brown e David Isaacs com o World Cafés, as discussões de Noel Tichy sobre liderança, as explanações de David Boje sobre histórias e incontáveis outras pessoas dedicadas, numerosas demais para mencionar, mas todas merecedoras de agradecimentos.

Espero que você faça sua essa jornada que eles iniciaram para nós, trazendo algumas histórias ao centro de sua consciência. Dê a essa consciência que se expande globalmente sua própria forma e significado e, aconteça o que acontecer, não a retenha. Passe-a adiante aos próximos ouvidos ávidos e observe-a pegar fogo na imaginação dos outros. Obrigado por unir-se a mim e escreva-me, assim poderei aprender com você. Deixarei com você uma história de bênção que escrevi:

Que as histórias possam...
Comover seu coração,
Informar seus pensamentos,
e guiar suas ações.

Calorosamente,
TERRENCE L. GARGIULO

Introdução

Todas as histórias estão à nossa volta. Vou lhe pedir para empreender uma maravilhosa jornada comigo, mas, antes de começar, você precisa deixar para trás quaisquer ideias preconcebidas sobre o que é uma história.

Nunca vou me esquecer de uma das minhas primeiras aulas na Universidade Brandeis. Um dos requisitos era um curso de dois semestres em Humanidades. Devo confessar que não estava nada interessado no curso e pensei que seria uma perda de tempo. Nada poderia estar mais longe da verdade.

Acabei em uma matéria que o professor Luis Yglesias ensinava, intitulada *Imaginando quem somos*. O professor Yglesias começou lendo alto a história de Shel Silverstein, *A árvore dadivosa*. É uma história simples sobre um menino e uma árvore crescendo juntos. A árvore está sempre lá para o menino. No fim, a árvore dá sua vida, de modo que o menino possa construir uma casa para si próprio com a madeira.

Quando ele terminou de ler a história, a classe inteira suspirou sentimentalmente. Mas o professor Yglesias não parou. Voltou à primeira página da história e releu-a para nós. Sem fazer editorial, usando apenas os olhos travessos e as nuances da voz, ele reviveu a história de uma maneira completamente diferente.

Imagine nossa surpresa quando nos demos conta de que *A árvore dadivosa* não era, necessariamente, uma doce história. O garoto poderia facilmente ser visto como narcisista e explorador; a árvore sabia como dar, mas o menino só recebia.

A mesma história que tinha comovido profundamente a classe agora era responsável por catalisar emoções de atrocidade e descrença. Alguns de nós estavam zangados por terem a visão idealizada do menino e a árvore destruída; outros estavam exasperados pela mensagem social de egoísmo e pelo abuso à natureza que a história implicava.

O professor Yglesias não fazia um comentário político e tampouco tentava adotar asserções de relativismo pós-moderno. Simplesmente nos despertava e ativava nossa imaginação, orientando-nos para nos conectarmos à história ativamente, pedindo-nos para desafiar nossa resposta habitual a uma história que tínhamos ouvido muitas vezes. Estávamos sendo levados a descobrir a essência do que as histórias realmente são. Desde aquele dia, minha vida não foi mais a mesma.

Veja, as histórias não se encaixam em aconchegantes cubículos de significado, mas são uma ferramenta para reflexão e *insight*. Graciosamente, elas nos oferecem a oportunidade de olhar de novas maneiras para nós mesmos e para o mundo que nos cerca.

As histórias são fundamentais para a forma como nos comunicamos e aprendemos: constituem o jeito mais eficiente de armazenar, recuperar e levar informação. Como ouvir histórias requer ativa participação do ouvinte, as histórias são a forma social mais profunda da interação e comunicação humana.

Este livro irá lhe mostrar como colocar as histórias para funcionar, para melhorar as comunicações e criar relacionamentos. A primeira parte do livro realça três áreas em que as histórias desempenham papel vital: comunicação, administração e liderança. Cada área se forma sobre a(s) área(s) precedente(s). Não podemos falar sobre administração sem compreender o papel da comunicação. As histórias nos oferecem *insights* importantes sobre a natureza da comunicação. Os administradores que se esforçam para desenvolver a habilidade de contar histórias criarão fortes relacionamentos, que são a marca do líder excepcional.

Estrutura do livro

A parte I, *O que as histórias podem fazer*, é dividida em 6 capítulos. O capítulo 1 examinará as funções das histórias, essenciais à comunicação: as histórias dão poder a um locutor e criam um ambiente, codificam informações e são uma ferramenta para pensar. Esse capítulo montará o palco e estimulará o leitor para além das coisas óbvias que assumimos sobre as histórias. Um dos propósitos mais importantes deste livro é afastar nossa atenção do ato de contar histórias levando-as para sua sustentação interna e sutil. Os capítulos 1, 3 e 5 usarão mini-histórias, chamadas *vignettes*, para ilustrar as funções das histórias. As *vignettes* serão de estilos e comprimentos variados. Depois de cada uma, algumas questões serão colocadas para estimular nossas próprias reflexões. Para aproveitar essas curtas histórias ao máximo, eu o convido a interagir com elas usando a imaginação, refletindo sobre as questões e comparando-as com suas próprias experiências. Fazendo isso, você certamente tirará o máximo proveito da leitura e impedirá que o texto seja didático. Medirei o sucesso deste livro não pelo fato de você gostar dele ou não, mas por saber até que ponto os leitores conseguirão tomar as ideias do livro e fazê-las suas. Dessa maneira, as ideias do livro realmente terão a oportunidade de influenciar novos comportamentos que, inevitavelmente, melhorarão as comunicações e os relacionamentos.

O capítulo 2 será um estudo de caso no Kinship Center. Esse estudo de caso realça as maneiras pelas quais essa organização teve sucesso ao usar histórias para melhorar suas comunicações.

O capítulo 3 examinará duas outras funções das histórias associadas com a administração: as histórias requerem audição ativa e nos ajudam a negociar nossas diferenças. A audição ativa está no âmago das histórias. Se você não conseguir nada mais deste livro, assuma o compromisso de obter as histórias de outras pessoas e as suas próprias, ouvindo-as ativamente, melhorando sua comunicação e criando relacionamentos satisfatórios, produtivos e recompensadores em todas as áreas de sua vida.

O capítulo 4 fará um estudo de caso da Sodexho, que mostra como uma empresa está tentando transformar sua cultura administrativa através de histórias.

O capítulo 5 explorará as qualidades da liderança. Demonstrar-se-á aqui como os relacionamentos são o trabalho mais importante de qualquer líder. Esse capítulo examina a associação entre a consciência de si, a consciência dos outros e as histórias. Três funções das histórias serão discutidas para compreender essa associação: as histórias ajudam as pessoas a vincular-se umas às outras, podem ser usadas como armas e para curar.

O capítulo 6 trará um estudo de caso do ambiente para o progresso organizacional (APO), um lugar especial em que as histórias são usadas para desenvolver novos líderes. O caso examinará como uma pessoa com consciência de si e dos outros foi capacitada a tomar suas experiências e construir o APO, em que as organizações e seu pessoal podem seguir por um caminho semelhante.

Os três capítulos da parte II, *Colocando as histórias para funcionar*, oferecerão processos, ferramentas e exercícios com o uso de histórias para melhorar sua comunicação e criar relacionamentos. O capítulo 7 guiará os leitores através de uma série de reflexões pessoais, com o objetivo de desenvolver uma grande coleção de histórias pessoais.

O capítulo 8 mostrará como encontrar as conexões entre suas histórias. Explicarei a importância do índice e oferecerei uma técnica que desenvolvi, chamada *colagem de histórias*, como ferramenta valiosa para a criação de um índice forte, para fazer as histórias funcionarem.

O capítulo 9 mostrará uma série de exercícios. Está dividido em duas seções: a primeira possuirá princípios gerais e identificará oportunidades para praticar o modo como desenvolver habilidades mais intensas de observação em organizações através de histórias. A segunda seção do capítulo apresentará nove exercícios que podem ser usados em qualquer tipo de *workshop* ou reunião para ajudar os participantes a desenvolverem a habilidade de contar melhor as histórias.

Uma história para começar nossa jornada

Antes de mergulhar no livro, vamos fazer um pequeno desvio. Esta é a história favorita do professor Luis Yglesias. Lê-la não permite que seja devidamente apreciada, mas em honra dele e de seu tremendo talento como professor, algumas vezes maroto, deixo-o com a história da Senhora Verdade.

Thomas tinha feito tudo. Aos 50 anos tornara-se presidente de uma empresa listada na *Fortune 100*; tinha uma família maravilhosa e todas as coisas materiais que podia desejar. Entretanto, uma questão lhe roía a mente. Ele se lembrava, quando criança, de ter ouvido uma história do Evangelho sobre Jesus. Na história, perguntam a Jesus "O que é Verdade?". E Thomas sempre perguntava a si mesmo por que Jesus nunca respondera. Assim, um dia Thomas se voltou para a mulher e disse: "Querida, sou tão feliz. Nossa vida é maravilhosa. Mas eu preciso ir em busca da Verdade".

"Bom, querido", respondeu ela, "se isso é importante para você, acho que deve ir. Vou preparar um almoço gostoso para você levar. Pode me deixar uma procuração e depois partir amanhã cedo."

Na manhã seguinte, Thomas pegou o pacote do almoço e partiu. Deixou o BMW na garagem. Por algum motivo, pensou que devia peregrinar a pé. Assim, Thomas andou e andou. Parou diante de sua fábrica, ouvira dizer que os operários tinham as chaves da Verdade mas não encontrou nenhuma Verdade lá. Em seguida, dirigiu-se à Casa Branca. Encontrou lá um monte de conversa superficial, mas nenhuma Verdade. Parou, então, no Vaticano para falar com o Papa, mas, de novo, não encontrou a Verdade. Perambulou e perambulou, até que se encontrou em uma parte muito remota do mundo. Finalmente, viu uma placa com uma flecha apontando para uma colina. A placa dizia: "Verdade por aqui".

Thomas andou, aos trancos e barrancos, colina acima e chegou a uma pequena cabana com um toldo que piscava: "A Verdade Vive Aqui". Nervosamente, bateu na porta. Um momento depois a porta começou a se abrir. Thomas espichou o pescoço pelo canto para dar a primeira olhada na Verdade. O que ele viu o fez pular 1,5 metro para trás. Em pé, diante dele, estava a criatura mais velha, mais horrível, que ele jamais vira. Era bem corcunda. Com uma voz estridente, cacarejante, ela disse: "Sim, querido?".

"Oh, mil desculpas", disse Thomas, "acho que cheguei à casa errada." "Estava procurando a Verdade."

A criatura sorriu e disse: "Bom, você me encontrou. Por favor, entre".

Assim, Thomas entrou e começou a aprender coisas sobre a Verdade. Por anos, Thomas ficou ao lado da criatura, absorvendo as suas complexidades. Estava admirado com o que aprendeu. Então, um dia voltou-se para ela e disse:

"Verdade, aprendi tanto com você, mas agora preciso ir para casa e compartilhar minha sabedoria e conhecimento com outras pessoas. Não sei por onde começar. O que eu devo dizer a todos?".

A horrenda velha criatura se inclinou para a frente e disse: "Bom, querido, diga a eles que eu sou jovem e bela".

Nas palavras de Mark Twain: "Algumas vezes você tem de mentir um pouquinho para dizer a verdade".

Parte I
O que as histórias podem fazer

1 Comunicando-se através de histórias

A comunicação efetiva depende de histórias. Este capítulo abordará três funções das histórias que facilitam a comunicação. Para começar, elas dão poder a um locutor e o ajudam a criar um ambiente. Em comunicação, esse é um dos usos mais óbvios das histórias. A maior parte de nós reconhece que somos mais persuasivos quando usamos uma história para transmitir ideias. Em lugar de dizer a alguém o que queremos significar, usamos histórias para mostrar a ele o que pretendemos dizer. Como resultado, as pessoas ficam mais atraídas e receptivas pelo que estamos comunicando. A segunda função explica como as histórias codificam informações. O clichê "Qual é a moral da história?" caracteriza bem que as histórias são usadas como recipientes para valores e outros tipos de informação. Embora as histórias possam ser usadas para transmitir mensagens pré-digeridas, a gama e o impacto dessas transmissões são, muitas vezes, superestimados. Falaremos desse assunto mais adiante. A última função examina como as histórias são uma ferramenta para pensar. Não podemos divorciar nosso pensamento de nossas comunicações. Como as histórias codificam informação, podemos manipular grande quantidade de conceitos e ideias. A qualidade do que comunicamos está diretamente ligada ao nosso pensamento.

As histórias dão poder ao locutor e criam um ambiente

Comecemos nossa discussão explorando algumas das maneiras como as histórias dão poder a um locutor e criam um ambiente. Como você atrai a atenção de alguém? Ser ouvido parece estar ficando cada vez mais difícil. Ironicamente, a abundância de informações à nossa disposição atrapalhou, em lugar de ajudar, a qualidade das nossas comunicações. Seja na forma escrita ou verbal, as histórias dão poder a um locutor. Pense na história como um certificado de autenticidade. Quando usamos uma história, estamos oferecendo aos ouvintes as nossas credenciais. É como se estivéssemos dizendo: "Dirija sua atenção para este lado – tenho alguma coisa que você quer ouvir". Os locutores ganham poder quando os ouvintes lhes dão atenção. Depois que for feito um contrato social entre um narrador e os ouvintes, aquele pode usar sua esfera de influência para criar um ambiente. O propósito do narrador pode ser qualquer coisa: um diálogo para entreter e relaxar, atrair, ensinar, refletir ou estimular.

Os fatos têm vida de prateleira curta. Tente experimentar este pensamento: escreva num pedaço de papel, em um minuto, tantos fatos quantos possa lembrar-se sobre um de seus pais. De que tamanho fica a sua lista? Provavelmente não muito longa. Claro, se você tivesse mais de um minuto, ela poderia ser mais comprida. Entretanto, nossas mentes não funcionam em termos de fatos. Alguns dos fatos desencadearam a memória de uma história? Ou uma história o levou a outra? Alguns especialistas em memória afirmam que uma pessoa média pode guardar de sete a nove itens na memória de curto prazo. Para onde vão todas as nossas informações? As listas ficam curtas porque lhes falta a riqueza encontrada nas histórias. Se nossas mentes não funcionam em termos de fatos, é lógico que os fatos também não sejam os melhores veículos de comunicação.

As histórias abrem caminho para as nossas comunicações. Pense em histórias que permitem que os comunicadores preparem o proverbial terreno para as ideias ou as informações que querem plantar. A história opera como a semente de uma planta, escondendo suas raízes nas mentes dos ouvintes, que se associam à história ativando suas experiências. Um comunicador pode, então, colher os frutos desses esforços. Não é a clareza da comunicação que dá poder a um locutor, mas a riqueza da comunicação, e essa riqueza vem da capacidade da história de explorar as experiências dos ouvintes. Se o locutor usar uma história para dar poder aos ouvintes, também ganha poder. Temos de fazer uma distinção entre maravilhar uma audiência e alcançá-la. Maravilhar a audiência pode, aparentemente, dar poder, mas não necessariamente fornece aos ouvintes uma experiência enriquecedora ou instrutiva. As pessoas se deslumbram facilmente com as aparências ou com os sons. Mais do que chamar a atenção das pessoas, as histórias podem ser usadas para um maior número de coisas. São veículos para aprender, quando fornecem uma maneira de as pessoas conectarem suas experiências ao contador da história. A verdadeira comunicação ajuda na criação e sustentação de relacionamentos. As histórias nos conectam aos outros – elas servem como pontes entre nossas experiências e as experiências alheias.

Vignette nº 1: Shazam

Jack se aproximou do pódio com confiança. Não conseguia acreditar que já havia passado mais de 20 anos desde que se graduara na escola secundária. O superficial aplauso se extinguiu e os olhos de Jack encontraram o olhar fixo de mais de 500 estudantes e de seus pais esperando suas palavras de sabedoria.

Jack fez um momento de silêncio e depois ergueu o punho no ar e gritou "Shazam!" no microfone. Sem esperar que sua sobressaltada audiência voltasse a se ajeitar nas poltronas, Jack continuou:

"O nome dela era sra. Picasso. O jogo eram pinturas, carvão e 'papier mâché'. Sala 62, segundo período, às segundas e quintas, esse foi meu pesadelo no colégio. Devo ter repetido o primeiro ano, porque até hoje não consigo desenhar um círculo e colori-lo de amarelo. Para evitar que eu me afundasse em um mar de autodesprezo artístico, usei as aulas de arte como uma oportunidade para me dedicar religiosamente a uma de minhas matérias favoritas: o flerte! A sra. Picasso e eu tínhamos pautas muito diferentes. Ela não conseguia entender como

> alguém poderia resistir à atração do seu mundo de formas, cores e perspectivas. Eu não conseguia compreender por que ela insistia em tentar nos vender sua paixão, mesmo quando ela persistia em interferir com a minha.
>
> A arte era sua força e a disciplina, sua fraqueza. Sempre que nossa classe ficava fora de controle, a sra. Picasso gritava: "Talvez alguns de vocês já tenham assistido a um programa de TV chamado 'O grande herói americano'. O personagem principal era o típico simplório de dia e super-herói à noite. Sempre que ele tinha de se transformar de simplório em super-herói, ele gritava sua palavra mágica. E que palavra vocês pensam que ele gritava?".

Questões para reflexão

Antes de prosseguir a leitura, dispense alguns momentos para pensar sobre as seguintes questões:

1. Você vê mais de uma história aqui? Justifique sua resposta.
2. Quais são os efeitos potenciais das histórias que Jack usa sobre a audiência?
3. Como funciona, na história, a palavra *Shazam*?
4. Tente imaginar algumas das maneiras com que Jack poderia incorporar essas histórias ao resto de sua palestra.

Análise

Todo locutor encara o desafio de chamar a atenção da audiência. Tente lembrar-se dos oradores mais memoráveis que já ouviu. Sem dúvida, você está se lembrando de uma história ou uma anedota que o locutor usou para fundamentar a palestra. Jack se lembrou de como era ser um estudante de colégio. A história dele é engraçada. Somos atraídos para a imagem que ele descreve da aula de arte com sua idiossincrásica professora dessa disciplina. Entretanto, há mais do que humor em sua história. Se Jack for simplesmente um orador público talentoso, com todas as habilidades e técnicas da função, é possível que não se dê conta de como pode usar sua história para ir fundo nas mentes de sua audiência e não apenas entretê-los.

Na curta introdução à sua palestra, Jack entrelaçou duas histórias. A principal história da professora de arte depende de sua referência ao programa de TV *O grande herói americano*. Para alguns ouvintes, "Shazam!" será o suficiente para evocar o índice da história do super-herói mas, para aqueles que não a conhecem, Jack rapidamente os atualizou. Esse é um dos aspectos importantes das histórias que não são levados em conta. As histórias não precisam ser longas. Uma única palavra pode funcionar como história, se as pessoas compartilharem a mesma palavra como um índice dela. Conectar histórias umas às outras é uma ferramenta poderosa para locutores e para qualquer pessoa interessada em catalisar a imaginação das pessoas.

A história de Jack lhe permitiu ser vulnerável diante de sua audiência. Sua palestra é para um grupo de estudantes secundários perto de dar um passo cerimonial em direção à idade adulta. As memórias do fracasso em arte e de dar mancadas na aula ensinada por uma professora peculiar, mas apaixonada, examinada mais tarde na vida, pode render lições muito ricas. Jack podia, agora, tecer uma colagem de histórias e anedotas que registram seu amadurecimento. Histórias e experiências devem ser examinadas umas em relação com as outras. As histórias isoladas são privadas de seu mais pleno potencial.

Histórias de discussão codificam informações

As histórias são a melhor maneira de codificar informação. Informações complexas podem ser introduzidas em pacotes sucintos, fáceis de digerir. Os ouvintes desempacotam a história, descobrindo inúmeras informações no processo.

As pessoas são rápidas para equiparar história com moral. Embora certamente seja verdade que uma das muitas formas de histórias (ou seja, fábulas, contos, alegorias etc.) possam ser usadas para carregar mensagens de valor, essa não é a dimensão total de como as histórias codificam informações. Elas estão recheadas de informações escondidas de nossa perspectiva imediata. Do mesmo modo, o ouvinte, assim como o locutor, é impactado pelas informações codificadas numa história. Um ouvinte pode decodificar informações que se presume não estejam presentes ou sejam intencionais do contador da história. Através de associações pessoais, o ouvinte de uma história pode descobrir novos *insights*. O contador não é o único responsável pela informação que a história passa adiante. O modo como o ouvinte decodifica a mensagem é uma faceta importante de geração de significado.

Aqui está uma outra maneira de pensar sobre a forma pela qual as histórias codificam informação. As histórias são como hologramas, imagens tridimensionais produzidas com um padrão de interferência de raios *laser*. Os hologramas são únicos por causa das múltiplas perspectivas contidas nas imagens e porque um único *pixel* do holograma contém toda a informação para a imagem inteira. Como os hologramas, as histórias são empacotadas com possibilidades de informação e interface, que são as maneiras pelas quais uma história pode ser conectada à outra. Isoladamente, as histórias têm pouco valor de comunicação: entretanto, as histórias arranjadas reflexivamente como em um mosaico oferecem uma miríade de oportunidades de aprendizado. Dessa maneira, nossas histórias levam a *insights* e parecem saltar em rápidas, e frequentemente inesperadas, associações.

Quantas vezes você revisitou uma história e aprendeu alguma coisa nova no processo? As histórias precisam ser revisitadas com frequência para que se possa colher seus benefícios. Mais ainda, as histórias conectadas entre si criam novas oportunidades para *insights*. Informações que, previamente, não estavam disponíveis, passam para o primeiro plano. As histórias funcionam melhor quando relacionadas umas às outras: uma esclarece a outra e, através das infinitas combinações possíveis, podemos descobrir novas conexões entre elas. Exploraremos esse assunto em maiores detalhes na segunda metade do livro, quando trabalharemos com colagens de histórias.

Essa habilidade latente das histórias de fornecer informações existentes é uma capacidade poderosa de seu potencial de comunicação. O problema é que, se não pudermos controlar completamente qual informação é decodificada, não poderemos administrar o poder de comunicação das histórias. Se quisermos nos tornar comunicadores eficazes através das histórias, temos de aceitar que não podemos controlar completamente a informação codificada numa história ou seu impacto. Nem isso é possível, nem desejável. Aqui está uma das verdades mais sutis, mas das mais importantes a respeito de histórias: na essência, são governadas por princípios auto-organizados.

Usemos uma imagem da fisiologia do cérebro como uma metáfora visual para ilustrar esse princípio. Nosso cérebro contém extensos e complexos entroncamentos de neurônios em rede. Ainda há muito por descobrir sobre a natureza desses entroncamentos, mas os pesquisadores observaram que essas redes de neurônios são criadas e mantidas com base no nosso uso delas. Os caminhos não utilizados secam como afluentes em que a água seca. Os caminhos com muito tráfego são fortes e começam a conectar-se com outros caminhos para criar uma estrada de estímulo elétrico para o cérebro. As histórias operam de maneira muito semelhante.

O poder subjacente das histórias se equilibra instavelmente sobre um precipício perigoso no qual o proposital e o fortuito fazem o jogo do cabo de guerra. Para usar uma palavra grega, as histórias são *estocásticas*: ou seja, não são *scripts* predeterminados que estamos destinados a descobrir inevitavelmente depois que tivermos uma experiência de vida nem são eventos completamente casuais, destituídos de qualquer significado inerente. Trabalhar com histórias com o propósito de comunicar significado aos outros e a nós mesmos requer que encontremos uma maneira de lidar com esse paradoxo.

Nossas experiências são registradas em nossa mente como memórias, sob a forma de histórias que atuam como substitutos subjetivos. Em outras palavras, toda vez que contamos uma história, ressuscitamos nossas memórias. Essas histórias se encaixam em um sem-número de oportunidades de reflexão. Contar histórias não só nos torna comunicadores mais eficazes, mas também oferece a dádiva do *insight*. Em essência, as histórias nos capacitam a comunicarmo-nos mais eficazmente com nós mesmos. À medida que tomamos maior consciência de nossas histórias nos transformamos em arqueólogos, que estão sempre desenterrando novos tesouros de significado. Sendo mais decididos e tendo consciência de contar histórias, inevitavelmente seremos levados a novos *insights* escondidos.

Vamos experimentar uma outra analogia. O ácido desoxirribonucleico, conhecido como DNA, contém toda a nossa informação genética. Nosso código genético é composto de quatro nucleotídeos, que se ligam em pares e se entrelaçam em duas cadeias laterais. Esses quatro nucleotídeos são responsáveis por uma incrível quantidade de variações. Apenas uma alteração em um par de nucleotídeos de uma cadeia de DNA pode resultar em dramáticas mudanças no organismo em que ocorre. Nossas experiências são como o código genético e nossas experiências armazenadas como histórias são como os nucleotídeos da molécula de DNA. Nossas histórias são o meio através do qual reações recombinantes levam novos significados a emergir – isso não é gerar significado, mas a expressão espontânea fenotípica de alguma coisa nova.

Histórias são ferramentas para pensar

Damos como certo que a comunicação eficaz requer pensar claramente. Podemos sentir que nossas bocas estão no piloto automático, mas como realmente determinamos o que vamos dizer a uma outra pessoa? Você já tentou dar uma apresentação formal ou escrever um longo documento sem um esboço? Essas tarefas exigem organização e, a esse respeito, as comunicações complexas extemporâneas a que nos dedicamos todos os dias são semelhantes.

O que, então, alimenta nossos pensamentos? É um processo abstrato deixado para o estudo dos cientistas cognitivos ou há alguma coisa que podemos inferir sobre o que nos passa pela cabeça? As histórias nos oferecem uma maneira de olhar para o funcionamento interno de nossas mentes. Os pensamentos são subprodutos de nossas experiências. Experiências específicas podem não estar na linha de frente de nossa mente, mas, com base nelas, construímos um filtro perceptual do mundo. As histórias suportam uma treliça de experiências humanas. Cada nova história atua como uma gavinha que nos liga ao passado, tornando o presente significativo e moldando o futuro. Dessa maneira, uma história do passado pode ser unida a outras histórias e ajudar-nos a estabelecer conexões com as pessoas e informar comportamentos futuros. As histórias são a linguagem da imaginação, e nossa imaginação fala com elas.

A imaginação é absolutamente essencial para que compreendamos a comunicação eficaz. A despeito de nossos intensos esforços, não somos racionais. Nossas decisões e comportamentos são motivados por inúmeros fatores irracionais que estão enterrados fundo em uma caixa-preta penetrável somente por meio da circunspecção de nossas experiências acessadas como histórias. Reunimos todas essas experiências invisíveis do nosso passado para gerar uma razão fundamental que nos explique e expresse nossos pensamentos de maneira clara: mas isso é uma fachada de racionalidade. O irracional é moderado pelo racional, e os resultados cognitivos finais são muito convincentes.

Quando invocamos nossa imaginação, as histórias se tornam uma ferramenta para pensar. Nossa mente pode mover-se, ao mesmo tempo, em duas direções contraditórias. Uma forma rápida de compreender essa ideia é considerar a estranha natureza dos sonhos. Possivelmente, os sonhos são um tipo de história. Em um sonho podemos nos sentir como se estivéssemos andando e voando ao mesmo tempo, sentir o gosto do que estamos ouvindo, ver uma pessoa sentindo que representa duas ou mais pessoas e assim por diante – e nada disso é problemático para nós enquanto estamos sonhando. As histórias como ferramentas para pensar adornam nossas mentes despertas com essa mesma habilidade dos sonhos. Funcionam com elementos paradoxais sem se deixarem descarrilhar pelos detalhes dissonantes. Podemos usar a mente de maneiras não lineares. Dois pontos de vista podem ser verdadeiros. Não somos compelidos a correr adiante em uma marcha louca para chegar a uma única conclusão racional. Nossas mentes podem perambular e descobrir novas nuances. Através do mecanismo das histórias podemos entreter outra perspectiva sem perder a nossa. Um comunicador eficaz não é desviado por conclusões racionais. Ele pode ter confiança em sua perspectiva e expressá-la de modo persuasivo, mas com a ajuda de histórias como ferramenta de pensamento ele também pode permanecer sensível, aberto e compreender outros pontos de vista.

As histórias equipam nossa mente com moldes para pensar. Podemos usá-las para descrever uma coisa em termos de outra. Os novos conceitos não são abstratos se usarmos histórias ou analogias que ressoam com o conhecimento e a experiência de uma pessoa. Por exemplo: lembro-me de ensinar a escrever tecnicamente. Muitos estudantes lutavam para escrever explicações claras e sucintas, então eu lhes pedi que escolhessem um conceito técnico e o explicassem usando uma analogia que um adolescente pudesse compreender. A parte mais difícil foi pensar em uma analogia ou uma metáfora que se aplicasse ao conceito. O resto era simples. Eles ficaram surpresos ao ver como era fácil explicar o conceito e como se tornou simples depois de encontrarem uma analogia.

As histórias são ferramentas de pensamento particularmente eficazes quando a imagem é distintiva. Veja a seguinte frase curta e a história por trás dela: "Canário em uma mina de carvão". O contraste de um canário amarelo brilhante com uma mina de carvão escura é uma imagem chamativa. Os mineiros de carvão costumavam levar um canário engaiolado para as minas. Se o canário morresse, eles saberiam que o ar na mina não era seguro.

Um líder poderia usar a imagem de um canário em uma mina de carvão com um grupo de gerentes encarregados de um projeto potencialmente desastroso. Sem dúvida, a equipe se sente apreensiva e pode até mesmo acreditar que a empresa está arranjando as coisas para que falhem. As emoções não expressadas podem dificultar tomadas de decisão objetivas. Entretanto, a imagem do canário não precisa ser negativa. Pensar nas histórias nos permite validar emoções e expressar possibilidades. Um líder pode levar sua equipe de emoções negativas – de medo e ressentimento por falhar – para emoções positivas – de entusiasmo pelo desafio que os espera. A história pode ser reescrita. Por que não dar uma reviravolta à história? O canário não tem de morrer nem estar engaiolado. Crie uma outra história. Sublinhe que, ao contrário dos canários, a equipe está livre para fazer escolhas a fim de evitar desastres. Mostre ao grupo como a equipe será de valentes pioneiros para a empresa.

O aprendizado é resultado da reunião de nossas experiências. Uma experiência se constrói sobre outra. Somos máquinas de reconhecimento padrão. Estudos de jogadores de xadrez demonstraram que uma das maiores diferenças entre os jogadores principiantes e os experientes é que estes últimos, tendo de encarar uma posição insólita no tabuleiro, recorrem a jogos anteriores, com posições semelhantes, para selecionar o melhor movimento. Os entendidos têm mais experiência e, tendo consciência disso ou não, aplicam essas experiências a situações insólitas.

Lembro-me de que ouvi uma anedota sobre um famoso professor espiritual. Seus estudantes o desafiaram a dizer-lhes quais lições eles poderiam aprender de tomar um trem ou enviar um telegrama. Ele respondeu: "Um trem nos ensina que até um segundo pode fazer a diferença, e o telegrama nos ensina a medir todas as nossas palavras, porque cada uma delas conta". Isso demonstra a flexibilidade e a aplicabilidade das histórias como ferramentas para pensar e refletir. O ato de tomar um trem ou enviar um telegrama não está intrinsecamente carregado de significado. Pensar analogicamente produz uma guinada única.

Os estudos de caso são um outro exemplo de como pensar em histórias. Eles são ferramentas de ensino maravilhosas e geram inúmeras e enormes discussões: substituem as abstrações da teoria administrativa com histórias e também ampliam o processo de aprendizado. Estudos de caso anteriores podem ser relacionados àquele que está sendo discutido no momento.

As histórias são impressionantes ferramentas para pensar. Através delas podemos refletir sobre nossas experiências, que não significam coisa alguma se não aprendermos nada com elas. Elas trazem o passado visceralmente vivo à nossa mente. Quando recontamos uma história, nossa mente revive a experiência. Cada rebobinagem de nosso gravador mental é uma oportunidade de ganhar novos *insights*.

Todos nós temos muitas experiências e, portanto, muitas histórias. Distorcendo um pouco o dizer de Platão: "Não vale a pena ter a história não examinada".

Vignette nº 2:
Precision Dynamics

Phil Anderman, presidente da Precision Dynamics, não tinha ideia da razão pela qual sua companhia passava por tempos tão ruins. Os lucros tinham caído, o moral baixo e os feudos interdepartamentais ameaçavam tornar a situação ainda pior.

Phil sabia que tinha de mudar a cultura da organização. Atualmente, os departamentos competiam por recursos vitais. A estrutura da empresa, que ele tinha criado, não estimulava a integração de recursos. Na época, a estratégia soara brilhante: estimule inovação e trabalho de equipe, promovendo um ambiente competitivo. Agora, com o luxo de poder avaliar retrospectivamente, ele sabia que estivera errado.

Na manhã seguinte, ele se encontraria com todos os chefes de departamento e não estava certo sobre o que iria dizer. Bom, primeiro as coisas à mão, pensou ele. Era hora de colocar sua filha na cama. A manhã chegaria em seu devido tempo.

Quando Phil entrou na sala de reuniões no dia seguinte, zumbia por ali um clima de incerteza e suspeita. Houvera muitos boatos e as pessoas estavam tensas; por isso não, Phil também estava.

"Bom dia para todo mundo. Por favor, sentem-se, de modo que possamos começar. Temos muito a discutir. Ontem à noite sentei-me em casa pensando no que deveria dizer hoje. Quando eu estava colocando minha filha Maya, de dez anos, na cama, ela me contou uma história que tinha ouvido na escola. É mais ou menos assim:

Havia uma vez um fazendeiro. Depois de trabalhar a manhã inteira sob um sol escaldante, ele se sentou à sombra de uma árvore para descansar. Secando o suor da testa, o fazendeiro pensou: 'Ai, eu gostaria de ter um pouco de água limpa e fresca para borrifar no rosto'. De repente, um balde de água caiu da árvore, encharcando o homem.

'Isso foi tão bom', o fazendeiro disse a si mesmo. 'Eu só gostaria de ter um pouco mais de água para matar a sede.' Dessa vez um recipiente de água apareceu ao seu lado. Ora, o fazendeiro não era bobo. Sabia que, por acaso, tinha encontrado uma árvore dos desejos e que

só tinha mais um desejo a fazer. Erguendo a voz para as folhas acima, ele disse: 'Quero encontrar o professor mais sábio'.

Antes mesmo que tivesse terminado de proferir seu desejo, uma figura num robe apareceu diante dele. Ele perguntou ao fazendeiro: 'O que você gostaria de aprender ou de ver?'.

Sem hesitação, o fazendeiro respondeu: 'Quero aprender como chegar ao céu'.

Os olhos azuis brilhantes do professor faiscaram e repentinamente o chão diante do fazendeiro se abriu com um violento estrondo e apareceu uma escada que descia. O fazendeiro perguntou ao sábio professor: 'Onde ela vai dar?'.

O professor sorriu e disse: 'O caminho para o céu é pelo inferno'.

Os dois foram para a escada e começaram a descer. Finalmente viram uma placa que dizia: 'Bem-vindo ao Inferno – Sala de Banquetes Adiante'. Depois de caminhar tanto, o fazendeiro tinha uma fome horrível. Voltou-se para o professor e disse: 'Vamos comer alguma coisa'.

Foram para a sala de banquetes. Assim que entraram, o fazendeiro parou diante da magnífica visão. Havia longas mesas de mármore com enormes vasos cheios de flores, brilhantes e cheirosas. Em cada mesa havia dúzias de travessas de ouro, cheias dos alimentos mais deliciosos.

O fazendeiro voltou-se para o professor e disse: 'Não entendo'.

'Olhe com muito cuidado', respondeu o professor.

O fazendeiro instantaneamente notou os alimentos voando por toda parte. As pessoas estavam se aglomerando de uma mesa à outra, tirando a comida das travessas de ouro. Aí o fazendeiro viu o que o professor queria que ele observasse. Os cotovelos de todo mundo estavam permanentemente travados, de modo que seus braços permaneciam fixos e retos diante deles. As pessoas estavam tentando comer a comida das travessas jogando-a para o ar e, depois, tentando embocá-la na própria boca. Como resultado, a comida voava por toda parte e muito pouco estava realmente sendo ingerido.

Com voz suplicante o fazendeiro disse: 'Podemos ir agora? Vi o suficiente'.

> *O professor inclinou a cabeça, e no instante seguinte eles estavam em outra escada subindo para o céu. Finalmente, pararam junto de uma placa que dizia: 'Bem-vindo ao Céu – Sala de Banquetes Adiante'.*
>
> *Então o professor e o fazendeiro foram à sala de banquetes e, novamente, o fazendeiro parou repentinamente. A sala de banquetes era idêntica àquela do inferno, com longas mesas de mármore decoradas com grandes vasos cheios de flores brilhantes e cheirosas, travessas de ouro coberta com as comidas mais deliciosas.*
>
> *O professor guiou o fazendeiro em direção a uma das mesas. Conforme o fazendeiro se aproximou, sentiu que seus cotovelos se travaram retos. Olhando em torno da sala, percebeu que todos tinham o mesmo problema. Mesmo os braços do professor não podiam se dobrar. Então, o professor falou: 'Estamos com fome. Vamos comer'. Com isso, ele pegou um pouco de comida e estendeu o braço para a boca do fazendeiro. O fazendeiro fez a mesma coisa e eles comeram até se fartar. Quando o fazendeiro engoliu o último bocado de comida, viu-se, novamente, à sombra da árvore dos desejos.*
>
> Infelizmente não tenho nem uma árvore dos desejos nem sabedoria para oferecer a vocês. Estamos atravessando uma época difícil. Dei-me conta de que nem sempre tomamos as decisões melhores ou implementamos as melhores políticas, mas acredito firmemente que poderemos superar isso. Antes de mergulharmos no plano estratégico, será que alguém poderia me passar o café?"

Questões para reflexão

1. Como Phil usou a história de sua filha para criar um ambiente? De que maneiras a história lhe deu poder?
2. Há algum significado no fato de que a origem da história é a filha de Phil?
3. Qual é a relação entre a história e a empresa de Phil?
4. Quais seriam algumas das maneiras com que o pessoal de Phil poderia reagir à história?

Análise

Phil reconheceu a relevância da história que sua filha ouvira na escola para o problema de sua empresa. Ele mostrou como uma história ou experiência se torna uma oportunidade para reflexão e *insight*. A receptividade de Phil à história é uma característica que define a "mente histórica", não importa que a história venha de uma criança. A mente histórica desenvolve a disciplina de sintetizar informações. Embora aparentemente não haja conexão, a mente histórica procura relações entre ideias e conceitos em diferentes áreas e experiências.

Phil decidiu que ele não precisava armar uma falsa fachada de força e liderança para motivar seus gerentes. Supostamente, ele arriscou parecer vulnerável aludindo às políticas ineficazes que estabeleceu, encorajando a competição entre departamentos, expressando sua incerteza e apreensão sobre a posição atual da empresa e compartilhando uma história que a filha lhe contara. Mas aquela mesma vulnerabilidade e o uso da história criaram um ambiente de confiança. A história encapsulou as mudanças que a empresa precisará envidar para voltar a ganhar participação no mercado. E, de modo deliberado ou não, Phil terminou a história pedindo que alguém lhe passasse o café. Para Phil, a história de ir para o céu através do inferno não foi apenas uma narrativa alegórica: era um molde para seus pensamentos e comunicação.

Imagine se Phil tivesse dito o seguinte: "Todos nós sabemos que a Precision Dynamics está atravessando um mau pedaço. Algumas vezes uma empresa precisa passar por um pequeno inferno antes de colher os benefícios do crescimento. Agora, mais do que nunca, vocês precisam unir-se e trabalhar como equipe, fazendo o que quer que seja necessário para romper o ciclo da queda de mercado. Não vamos permitir que nossos concorrentes se arremetam contra nossas cadeias de valores. Hoje vamos discutir nosso plano estratégico para o próximo trimestre. É imperativo que vocês sigam as rotas estabelecidas neste plano. O sucesso da Precision Dynamics está em suas mãos".

Aqui, Phil soou como um presidente sensato. Foi direto e rapidamente ao ponto e disse a seus gerentes o que eles precisavam fazer. Mas ele é igualmente eficaz? O tom foi ditatorial. Quando foi a última vez que você mudou de comportamento por ter ouvido um discurso que o motivou? As palavras podem ser prateadas: todos nós podemos nos comover com o carisma e a retórica de uma pessoa, mas raramente nos identificamos com o orador ou passamos por uma mudança interna significativa. É pouco provável que o tom e as palavras de Phil provocassem a resposta que ele desejava. Ele apresentou uma estratégia de trabalho de grupo mas, claramente, colocou-se à distância da equipe.

Um colega meu uma vez foi nomeado diretor de um departamento disfuncional, em que as pessoas tinham se desentendido e brigado durante anos. Em um ano e meio, as coisas melhoraram. Na festa anual de Natal do departamento, meu colega decidiu contar a história "O caminho para o céu é através do inferno" e representá-la com seu assistente. A resposta foi inacreditável. Os gerentes se aproximaram deles depois da festa, dizendo: "Obrigado por nos mostrar o caminho para fora do inferno".

Vignette nº 3: Controle de qualidade

Os resultados do primeiro trimestre de 1999 da companhia X chegaram e os números finais eram surpreendentes. Janice Shaker, presidente da empresa, estava sentada à sua escrivaninha lendo um montão de *e-mails* de congratulações vindos de membros do Conselho de Diretores quando John Moore, vice-presidente da Produção, entrou na sala como um furacão.

"Eu realmente não sei o que fazer, Janice", começou. "Tentei tudo que podia, mas nada parece funcionar. Nos últimos três meses, o número de produtos defeituosos enviados e devolvidos para nós vem crescendo. Deixe-me dar-lhe uma ideia da amplitude do problema: no mês passado, 20% dos produtos que despachamos foram devolvidos para reembolso. Eu me reuni com a equipe da Produção para ver se eles tinham alguma ideia ou se precisavam de ajuda. Eles acreditavam que a raiz do problema era o trabalho descuidado e malfeito da equipe de engenheiros do controle de qualidade.

Reuni-me com Tim Jenkins, o diretor do Controle de Qualidade, e ele me assegurou que falaria com a equipe de engenheiros. Um mês mais tarde, as coisas só tinham piorado. Um passarinho me contou que Tim ameaçou despedir o gerente do Controle de Qualidade se as coisas não melhorassem".

Janice pensou por um minuto. Depois sorriu para si mesma e disse a John: "Obrigada pelo aviso antecipado. Daqui para a frente, está nas minhas mãos. Oh, a propósito, marque a próxima terça em sua agenda para um almoço com toda a Produção para celebrar nosso trimestre recorde".

Janice observou John saindo de seu escritório sacudindo a cabeça. Suspirou para si mesma, fechou todas as mensagens de *e-mail* do Conselho Diretor e rapidamente escreveu o seguinte memorando:

De: Janice Shaker

Para: Todos os funcionários da Produção/Controle de Qualidade

Assunto: Almoço

Nossos resultados do último trimestre chegaram e tenho orgulho de lhes informar que todo o seu trabalho duro e dedicação foi recompensado. Excedemos as expectativas de todo mundo. Acho que todos merecemos a oportunidade de fazer uma pequena celebração.

Na terça, toda a Produção vai parar às 13h. Teremos um almoço com serviço de bufê especial. Às 15h todos estarão livres para ir para casa cedo. Estou anexando um menu: por favor, devolvam suas seleções ao meu escritório até às 16h da tarde de sexta.

Aguardo vê-los com prazer e falar-lhes na ocasião.

Janice chamou a secretária, Chris. "Chris, por favor peça à Sea Point Catering para preparar um bufê para nós às 13h na terça. Quando você conseguir falar com eles ao telefone, por favor me avise pelo interfone. Preciso discutir alguns detalhes com eles."

Não levou muito tempo para que todos devolvessem seus menus. Todo mundo esperava ansiosamente iguarias como lagosta Fra Diavolo, hadoque recheado com patas de *king crab*, camarão e siri mole, para mencionar apenas algumas das escolhas.

Às 13h15 da terça, Janice entrou na sala de recepção. Chris e John correram para ela em pânico. John balbuciou: "É melhor você falar com o serviço de bufê. Ninguém recebeu o prato que pediu. Todos os pedidos estão errados. Como esse povo pode ser tão incompetente?".

Janice passou por eles e andou em direção ao pódio. Observou que as pessoas trocavam de pratos freneticamente, na tentativa de conseguir o prato que tinham pedido. O silêncio caiu sobre a sala quando Janice começou a falar. "Boa tarde, minha gente. Vamos todos atacar e curtir nossos apetitosos almoços servidos pela Sea Point Catering." Antes que Janice pudesse continuar, ela ouviu Tim Jenkins resmungar: "Faríamos isso, se tivéssemos os pratos que pedimos". Janice focalizou os olhos em Tim e vagarosamente fez o seguinte pedido: "Sea Point Catering, por gentileza, sirva a todos suas refeições de acordo com o segundo menu que lhes enviei por fax".

Em menos de cinco minutos todos tinham exatamente o que tinham pedido. Quando Janice falou durante a sobremesa, agradeceu e congratulou-se com todos por todo o trabalho duro. Ela compartilhou sua visão do próximo trimestre, enfatizando o papel essencial de satisfazer seus clientes assegurando a eles a entrega de produtos da mais alta qualidade. Janice concluiu desculpando-se, em nome da Sea Point Catering. Disse que ela era totalmente responsável pela confusão, pois tinha enviado a eles duas diferentes listas de pratos.

No final do almoço, John caminhou para Janice sorrindo acanhadamente e disse: "Você fez aquilo de propósito, não fez? Bom, se fez ou não, Tim definitivamente se beneficiou da experiência. Eu o ouvi junto com seu gerente estudando estratégias com a equipe de engenheiros sobre maneiras de melhorar o controle de qualidade". Janice apenas sorriu. Talvez, agora, pudesse voltar a responder alguns daqueles *e-mails* parabenizando a empresa.

Questões para reflexão

1. Como diferem as respostas de Janice e de John ao problema do controle de qualidade?
2. Como as ações de Janice são exemplo de como as histórias codificam informação?
3. As ações de Janice têm qualquer outro efeito, no longo prazo, sobre a organização e seus funcionários?

Análise

As histórias são eficientes codificadores de informação. Por exemplo: em histórias de diferentes tradições culturais, religiosas ou místicas, as lições ou significados nunca são soletradas. Ao contrário, você é convidado a conectar-se a uma história ou experiência através de audição ativa, para desvendar o significado da história e gerar seu próprio significado. Dessa maneira, as histórias também são fluidas. À medida que você volta às suas histórias e memórias, emergem novas nuances, *insights* e tonalidades de significado.

Nessa história, Janice concluiu que os esforços de Tim para inculcar em sua equipe de engenheiros o impacto da má qualidade de controle e suas tentativas de motivar seu gerente com ameaças tinham sido ineficazes. Ela se deu conta de que tinha de encontrar uma maneira mais dramática do que a abordagem tradicional de Tim para mandar o recado. Janice decidiu modelar o resultado frustrante de uma experiência com mau controle de qualidade, mandando misturar os pedidos de almoço de todo mundo.

As experiências podem ser usadas para contar uma história. Até aqui, examinamos histórias como veículos de comunicação através do contar. Nesse exemplo, Janice usou a imaginação para invocar um cenário. Criou a situação de que precisava para codificar sua mensagem. Seu pensamento histórico a levou a construir uma experiência que estimulou a imaginação de Tim e de sua equipe. Janice, sendo uma verdadeira líder, guiou Tim para uma solução criativa do problema. É pouco provável que ele e sua equipe se esqueçam do almoço da Sea Point Catering. Janice não só conseguiu enfocar os problemas do controle de qualidade, mas também criou uma história que, inevitavelmente, se tornará parte da cultura da empresa.

Resumo

Os comunicadores eficazes usam histórias. Três funções das histórias são essenciais para a comunicação: dão poder a um orador e o ajudam a criar um ambiente; são um eficiente codificador de informações; e funcionam como ferramentas para pensar. Se uma imagem vale mil palavras, uma história deve valer cem mil. Pensar com histórias nos capacita a processar montanhas de informação. Os processos de raciocínio longos e lógicos são acelerados com o pensamento histórico. A base do trabalho com histórias é a comunicação com os outros e consigo mesmo.

2 Estudo de caso: Kinship Center

O capítulo anterior detalhou três funções das histórias que desempenham um papel central para nos tornar comunicadores eficazes. Exploramos como as histórias dão poder aos comunicadores, como podem codificar a informação e como atuam como ferramentas para pensar. Nossa próxima parada é observar como uma organização identificou algumas de suas histórias-chave para comunicar sua missão ao mundo exterior e ajudar as pessoas de dentro da organização a compreenderem suas forças.

Bases do Kinship Center

O Kinship Center é uma agência que se dedica à criação, à preservação e ao apoio às famílias de criação[1], adotivas e aparentadas a crianças que precisam delas. O trabalho da agência tem por finalidade atingir e sustentar a permanência das crianças em ambientes familiares, evitando colocá-las em instituições e oferecendo suporte às crianças e às famílias para crescerem, curarem-se e prosperarem. Foi criada no Condado de Monterey, em 1984, depois do fechamento de uma velha agência de colocação que se estendia por todo o estado. As pessoas que começaram o programa permanecem como líderes da agência, inclusive o

---

1 *Foster children* no original, são crianças criadas por famílias que não têm qualquer vínculo de sangue ou legal.

diretor-executivo, a secretária e o assistente social sênior. Indivíduos dos setores privado, público e legal da comunidade emprestaram seu tempo e perícia profissional de modo duradouro, por mais de 20 anos, para ajudar essa organização popular a chegar à posição atual. A agência é respeitada localmente, regionalmente e por todo o estado e tem uma reputação nacional significativa pela liderança, educação e abordagens criativas para resolver problemas de serviço na assistência social infantil.

Em 2004, mais de 1.200 crianças, em todo o Estado da Califórnia, receberam serviços significativos nas áreas de colocação de crianças, de saúde mental infantil e serviços especiais à família, tais como o envolvimento da família adotiva e relativos a programas de custódia. O Instituto de Educação da agência fornecia grupos psicoeducacionais a famílias e treinamento clínico a terapeutas e profissionais da assistência social infantil em todo o estado. Mais de 3.500 terapeutas e assistentes sociais californianos assistiram às aulas de treinamento clínico de adoção do Kinship Center. Esse centro opera as primeiras clínicas do país de saúde mental infantis especializadas em adoção e permanência e são financiadas pela EPSDT[2] MediCal. Atualmente, toda semana as duas clínicas atendem a mais de 240 crianças e suas famílias. As clínicas foram citadas como fornecedoras de abordagens prometedoras em cuidados para o bem-estar infantil administrado pela Universidade Georgetown, e o centro recebeu dois prêmios nacionais de Excelência em Adoção da Secretaria da Saúde e Serviços Humanos por seu suporte a famílias adotivas.

Tomei conhecimento do Kinship Center quando minha esposa começou a trabalhar lá como funcionária social na Clínica Infantil D'Arrigo, da agência. Uma dinâmica dupla de Carols (Carol Bishop e Carol Biddle) combinou seus talentos e paixões únicos para dirigir a organização. Essas mulheres, articuladas e devotadas, rapidamente me informaram todas as maneiras como as histórias eram essenciais àquela organização. As histórias lhes conferem poder para comunicar o

---

2   *Early and Periodic Screening, Diagnosis and Treatment* (EPSDT) – Exames Médicos, Diagnósticos e Tratamento Inicial e Periódico.

impacto do trabalho da agência. As pessoas se conectam à missão da organização por meio das histórias que contam, e membros do pessoal mantêm um senso de urgência e energia para aquele incansável trabalho, através das histórias compartilhadas. Cada história recontada codifica incontáveis outras.

As histórias que se seguem representam uma amostra de estrelas brilhantes na constelação cultural do Kinship Center. Cada história ecoa um dos temas-chave da agência. A agência conta com essas histórias para pensar a respeito de si mesma e compreender sua missão e desenvolvimento. Além de serem histórias tocantes, elas mostram o multifacetado potencial de comunicação das histórias. À parte as convincentes imagens retratadas nesses exemplos, essas histórias também transmitem aspectos-chave da identidade da agência e atuam como ferramentas para pensar.

As histórias são escritas por Carol Biddle e por outros membros da agência. Tanto quanto possível, deixei as histórias nas vozes deles. Cada uma delas é seguida de uma breve discussão de como se relaciona às três funções de comunicação das histórias discutidas no capítulo 1 (dá poder ao orador, cria um ambiente e é uma ferramenta para pensar). A discussão que segue cada história é escrita por mim e, algumas vezes, inclui citações de Carol Biddle realçando como ela e outros membros da agência usam as histórias.

Histórias do Kinship Center

Tema nº 1:
Missão e resistência

No final dos anos 1980, quando esta crise/oportunidade se apresentou, o Kinship Center tinha menos de cinco anos de história como agência licenciada.

Em uma daquelas "sextas à tarde na assistência social infantil", telefonaram para falar sobre uma criança de dois anos medicamente frágil que tinha passado meses entrando e saindo de um importante hospital-escola. Ela estivera alternadamente em famílias de criação, com sua mãe solteira muito jovem, e de volta ao hospital por causa de suas múltiplas incapacidades. Quando Kari teve alta de um hospital-escola regional, foi levada para custódia protetiva novamente, porque sua jovem mãe, embora tentasse, não podia tomar conta dela. As incapacidades de Kari incluíam um lábio leporino (severo) não corrigido, várias anomalias congênitas e a necessidade de que ela fosse alimentada com a ajuda de um tubo inserido em sua garganta (ela não conseguia engolir).

Milagrosamente, havia uma família de criação disposta, os Bakers, que tinham cuidado de crianças com lábio leporino e aqueles necessários tubos de alimentação. A assistente social do condado levou a criança para a família de criação, e todos os presentes ficaram chocados ao ver uma criança de dois anos que pesava menos do que 5,5 kg, envolta no cobertor da recepção e usando apenas uma camiseta de criança e fralda.

A frágil criança foi levada ao hospital local para ser avaliada por um pediatra. O médico e o pessoal do hospital passaram horas avaliando a garota e instruindo a mãe de criação na inserção correta do tubo de alimentação. Kari foi entregue aos cuidados da mãe de criação, com visitas marcadas para acompanhamento regular.

Em algumas semanas, Kari começou a ganhar peso e ajustar-se a essa incomum e dedicada família. Ela tinha uma consulta no Centro Médico de Stanford para avaliação e também para determinar a viabilidade de cirurgia futura, de modo que pudesse ser alimentada mais facilmente. A família de criação adorava a menininha. A mãe de criação de Kari, Diane, transportou-a durante meses em um canguru. Inicialmente Kari era tão pequena e quieta que o canguru, sob o casaco, fazia Diane parecer grávida. A criança miúda gradualmente ganhou peso e se tornou receptiva. Ocasionalmente, até mesmo sorria e olhava Diane nos olhos. O pessoal do Kinship Center se sentia gratificado e deliciado com seus cuidados e evidente progresso.

Finalmente Kari foi operada, o que permitiu que fosse alimentada com um tubo "G" no estômago. Entretanto, um funcionário autorizado do estado visitou a casa e declarou que a criança precisava de cuidado institucional e deveria ser removida imediatamente. Com sentimentos de angústia, o dilema foi apresentado ao Conselho Diretor, com a recomendação do pessoal do Kinship Center de que essa criança não fosse removida novamente, porque estava indo tão bem e por causa de sua necessidade de continuar com o saudável apego àquela família. O consultor pediátrico da agência apoiou a recomendação do pessoal. Os membros do conselho recomendaram e auxiliaram um processo formal de apelo à agência de licenças, dando ao Kinship Center uma oportunidade de manter a menina segura, dentro de uma família.

O processo de apelo continuou por mais de um ano, com volumes e volumes de papéis burocráticos, e o estado enviando médicos para ver a criança. O resultado, por fim, foi que Kari teve permissão para ficar com a família de criação, mas a sentença não foi considerada um precedente. A família de criação acabou adotando Kari. No final, Kari faleceu aos 12 anos por complicações em seu estado físico frágil e pela incapacidade de desenvolver-se. As consequências reais foram muito maiores do que prolongar-lhe a vida e fornecer-lhe uma família, embora isso tivesse sido resultado suficiente. Kari se tornou uma inspiração para a família, para a igreja, para a comunidade escolar e para o pessoal e Conselho Diretor do Kinship Center. Ela tinha a mais alta qualidade de vida que lhe podia ser dada, era uma criança feliz e compartilhava aulas sobre como normalizar os cuidados para crianças com incapacidade de desenvolvimento com todos aqueles cujas vidas a tocaram.

Além do resultado da família feliz, para o Kinship Center, a lição duradoura foi descobrir a coragem para discordar e desafiar, com o risco de perder a licença do estado. Quando confrontada com a adversidade, a mensuração da missão da agência incentivou a coragem, a determinação e uma lição de vida organizacional sobre *advocacy*[3]. Kari forneceu uma oportunidade de aprendizado significativa sobre a reivindicação dos valores que faziam parte integrante da missão da organização.

---

3   *Advocacy* é a busca de influenciar os resultados, em sistemas políticos, econômicos e sociais, que afetam diretamente a vida das pessoas. Portanto, a defesa pode ser vista como um processo deliberado de falar sobre questões de interesse, a fim de exercer alguma influência em nome de ideias ou de pessoas (N. da T.).

Discussão

Essa história emocionante celebra um momento definidor no desenvolvimento da agência. Contar essa história dá poder à organização para expressar sua identidade de uma maneira autêntica, internamente para seus funcionários e externamente para seus clientes, advogados e mantenedores. Um funcionário do Kinship Center diz que essa história retrata a contribuição para criar um ambiente que pulsa com determinação e convicção. A história abastece a imaginação dos funcionários. Equipados com ela, ganham uma âncora tangível para os contínuos desafios de desempenhar-se no trabalho de modo significativo. A história fornece combustível emocional.

Tema nº 2: Coragem

Sam e Maria Gonzalez queriam adotar um bebê saudável. Não estavam preparados para desgostos e perdas ao se tornarem pais. Sam e Maria, membros de segunda geração de uma família de imigrantes, eram um casal honesto e trabalhador, que vivia em uma comunidade rural da Califórnia. Para a adoção, eles tinham o apoio da família e da comunidade de sua pequena cidade. O pessoal do Kinship Center estava entusiasmado por ajudar o simpático casal a atingir o objetivo de serem pais.

Os pais naturais os selecionaram para a adoção do bebê que ia nascer. Sam e Maria passaram tempo com eles e aprenderam a respeitá-los. Quando a criança nasceu, os pais naturais confirmaram sua decisão de dá-lo em adoção e o bebê foi para casa com Sam e Maria. Dois meses depois, os pais naturais não conseguiram manter a decisão e reclamaram o bebê de volta. A dor foi imensurável, mas os Gonzalez honraram a mudança de ideia dos pais naturais.

Não muito tempo depois, os pais naturais telefonaram novamente, dizendo que não conseguiam administrar a responsabilidade de serem pais e queriam que Sam e Maria pegassem a criança de volta. Depois de aconselhamento considerável para avaliar a situação dos pais naturais e mensurar o risco, Sam e Maria aceitaram o bebê novamente. Em algumas semanas, os pais naturais reclamaram a criança de maneira permanente, e novamente partiram o coração dos Gonzalez. Os pais naturais expressaram sincero pesar pela dor causada à família adotante, mas permaneceram firmes em sua decisão.

Na adoção essas histórias tristes acontecem, mas sempre trazem conflitos emocionais e éticos às famílias adotantes e ao pessoal da agência. Na adoção, aceita-se que pais naturais jovens estejam em crise, senão criariam o filho; e todos os adultos envolvidos assumem o fardo da incerteza em consideração à criança e aceitam a responsabilidade por tomar decisões que têm resultados incertos. Entretanto, não há maneira de preparar plenamente uma família adotante para a dor de perder a criança que aprenderam a amar e acreditam ser parte da família deles.

Sam e Maria se tornaram pais depois de um ano, tendo sido escolhidos novamente para adotar uma criança que já nascera. A coragem e a determinação deles os ajudou a conseguir uma unidade familiar completa com duas crianças maravilhosas. Até onde sabemos, a primeira criança nesta história está bem com os pais naturais. Ela nunca vai precisar conhecer sua dificultosa história inicial.

Esse é apenas um exemplo do *stress* para as duas famílias e para o pessoal da assistência social, que faz parte da história de adoção. Não é possível pesar e medir a coragem, os desafios, a dor e a imprevisibilidade que fazem parte da vida daqueles que trabalham na assistência social infantil. A missão de assegurar que a criança que necessita de uma família a terá deve ser mais forte do que a necessidade de controle e certeza no trabalho que é feito em nome da criança. Há conhecimento e arte nesse campo, mas não há planos para mostrar o caminho para certos resultados.

Discussão

Imagine estar sentado com um casal que vai adotar uma criança. Como você os prepararia para essa jornada emocional? Essa história de coragem se torna um pano de fundo importante para dar poder a um assistente social e retratar uma imagem vívida. Para casais que estejam considerando adotar uma criança, a história fornece uma ferramenta para pensar. Através da história, os assistentes sociais podem, indiretamente, ajudar casais a considerarem múltiplas perspectivas. É uma ferramenta para pensar sobre a criança, os pais naturais, eles próprios e as exigências colocadas sobre um assistente social, que está tentando facilitar o resultado para todas as partes envolvidas.

Tema nº 3: Crença e poder de permanecer

Amos foi enviado a um programa especializado de cuidados de criação que trabalhava com crianças que apresentavam desafios emocionais e comportamentais extremos. Esse jovem adolescente, que não tinha conexões familiares permanentes, fora enviado para muitas instituições e famílias de criação sem qualquer sucesso, antes de ir ao Kinship Center. Ele estava muito atrasado na escola, tinha incapacidades de aprendizado desafiadoras e seu progresso no aprendizado social e acadêmico era afetado por sérios problemas emocionais. Suas chances de uma idade adulta independente e produtiva não eram promissoras.

A despeito das perspectivas sombrias de seu futuro, Amos graduou-se na escola secundária, não sem muitas dificuldades e contratempos. Ele não foi dispensado da assistência de criação para sobreviver por conta própria. Em vez disso, foi orientado a matricular-se no Job Corps e completou o treinamento para se tornar enfermeiro vocacional licenciado com sucesso. Aos 21 anos, ele agora é independente e mantém uma boa ficha profissional.

Quais foram os ingredientes que mudaram a química do futuro de Amos? Dois adultos bondosos e preocupados, que mantiveram um compromisso duradouro com ele, fizeram a diferença entre perder esse jovem na impermanência do sistema de criação e ajudá-lo a desenvolver a crença nele mesmo.

Clarice, a assistente social dele no Kinship Center, foi mentora e treinadora constante de Amos por mais de seis anos. A mãe de criação solteira dele, Mary, assumiu um compromisso por toda a vida de ser sua família e jamais desistiu, durante os anos difíceis. Como essas duas mulheres mantêm um sistema de suporte tão vigoroso? Elas se tornaram uma equipe dedicada em nome de um jovem. Fizeram isso com o apoio de uma organização forte que reforçou suas crenças, que forneceu mais do que os recursos básicos para o trabalho delas, e continuou o compromisso com Amos depois que ele deixou o sistema de criação. O rapaz continua a receber cartas e telefonemas, visita a mãe de criação e recebe apoio financeiro mínimo, mas contínuo, de sua antiga agência de família de criação. Alguém sempre se lembra de seu aniversário e o convida para as festas de Natal. Seu futuro ainda não está seguro, mas ele entrou na idade adulta de modo positivo, o que não era previsível, dada sua infância tumultuada e seus desafios emocionais.

Discussão

Essa história ilustra a resistência de uma agência preocupada e a crença em um resultado positivo de um adulto envolvido. Ouvindo a história, o ouvinte (ou leitor) não se esquecerá facilmente nem de Amos nem do Kinship Center.

Tema nº 4: Mantendo o curso e sendo firme

A vida inicial de Jessie era com a mãe, viciada em drogas. Não havia unidade familiar estável nem lugar consistente para viver, e muitos adultos perigosos entravam e saíam da vida da mãe dela. Alguns deles abusaram de Jessie. Ela foi encaminhada para a assistência de criação aos 7 anos, depois de aparecer numa escola do bairro porque Garibaldo dissera que meninas e meninos deviam ir para a escola. Uma investigação descobriu suas condições de vida desesperadas e a levaram para a custódia judicial.

Essa criança foi abençoada com uma personalidade extrovertida que conquistava todos que a conheciam. Ela também aprendera comportamentos que incluíam roubar, mentir e manipular. Manteve essas atitudes de rua por muito e muito tempo. Jessie era uma sobrevivente e, a despeito de ter uma família de criação afetuosa, constantemente testava o compromisso deles com ela.

As chaves para ajudar Jessie a desabrochar foram a estrutura e a consistência constantes de cada adulto na vida dela. Ela teve anos de terapia, disciplina firme, mas carinhosa, e aprendia melhor com os resultados lógicos dos seus maus comportamentos. Lentamente, ela começou a vicejar. Suas realizações acadêmicas iniciais prometiam. Jessie estava sempre procurando novos objetivos e era apoiada quando os perseguia.

Sua assistente social, Gayle, foi uma força constante na vida de Jessie por dez anos. Vendo como prometia, Gayle procurou incríveis recursos para a menina. Sem qualquer ajuda, solicitou e obteve uma bolsa de estudos plena para que Jessie frequentasse uma prestigiosa escola secundária particular. Seu desempenho inicial naquela escola foi espinhoso, mas membros-chave da escola a apoiaram e o Kinship Center forneceu professores particulares e outras ajudas financeiras. No 11º grau, ela superara suas dificuldades de aprendizado e finalmente se graduou com 3,2 *grade point average* (GPA)[4]. Jessie acreditava que, agora, se encarregaria de sua vida e poderia atingir seus sonhos.

Ela foi assistida para matricular-se na faculdade e satisfazia as condições para obter uma significativa ajuda financeira se ficasse na Califórnia, incluindo alguma do programa de bolsas de estudo do Kinship Center. Mas Jessie insistiu que queria fazer uma faculdade,

---

4   GPA é uma nota que representa a média das notas do estudante durante o tempo que passa em uma instituição de ensino. Em geral é ponderada pelo número de créditos dados para o curso.

> e apenas uma faculdade de sua escolha – uma universidade distante, onde não havia sistema de apoio local. Foi nessa altura que toda a estrutura anterior que fora fornecida a Jessie se rompeu. A despeito da crença de todos os adultos de que ela deveria permanecer na Califórnia e frequentar uma faculdade ou universidade próxima, Jessie persistiu no sonho e quis frequentar a escola distante. O desastre veio em seguida.
>
> Jessie largou a faculdade no segundo ano. Sua determinação vacilou: ela não tinha sistema de apoio local, seguiram-se privações financeiras porque o seu desempenho acadêmico na escola particular não lhe dava o direito à ajuda adicional na bolsa de estudos e ela tinha dificuldade em fazer amigos. Ela se sentia um fracasso. Em lugar de responder aos apelos para que voltasse à Califórnia e começasse de novo em uma escola local, Jessie bateu em retirada e não manteve contato com todos os adultos que gostavam dela.
>
> Finalmente, ela voltou à tona na mesma cidade e vizinhança na qual tinha começado. Agora, ela é mãe solteira de muitas crianças e luta com dificuldades econômicas. Sua antiga assistente social e família perderam contato com ela. Jessie é uma pessoa forte e a participação de muita gente na orientação de sua infância para conseguir resultados positivos vai contribuir para que ela possa administrar sua vida.

Discussão

A respeito dessa história, Carol Biddle disse: "A lição que Jessie deu à nossa agência foi uma compreensão da importância de manter um bom plano e permanecer em curso até que o trabalho seja feito. Conto essa história para os funcionários para enfatizar a natureza fundamental da manutenção do delicado equilíbrio entre flexibilidade e estrutura. No final, os adultos bondosos e a organização que apoiou Jessie sucumbiram ao seu encanto e apoiaram um curso de ação que não era prático, nem de sucesso previsível, e levou ao rompimento das estruturas que a tinham mantido em segurança e promovido suas realizações regulares. Mas não há remorsos. Jessie merecia todas as oportunidades e todo o esforço colocado em seu desenvolvimento. Finalmente, ela está novamente experimentando os resultados lógicos de escolhas malfeitas".

> *Tema nº 5:*
> *Amor e resistência*

Nancy Webster sempre quisera ter uma filha. Ela e Bob tinham dois garotos saudáveis, de 11 e 12 anos. Nancy disse ao marido que queria adotar uma criança. Ele pensou que era um pedido incomum. Todo mundo estava feliz com o jeito que as coisas eram.

Nancy começou a fazer pesquisas e rapidamente contatou uma agência local especializada em adoção internacional. A agência fez um estudo da família e conectou os Websters a uma organização que tentava harmonizar crianças dos orfanatos na Europa do leste com famílias americanas. Em julho de 2000, um pequeno grupo de crianças de cinco anos, acompanhado pelo representante de um orfanato de uma região oriental do que antes fora a União Soviética, chegou ao sul da Califórnia para uma visita de cinco semanas. As cansadíssimas crianças tinham estado em quatro voos de avião durante dois dias inteiros.

Conforme as crianças chegaram à área de espera do aeroporto, algumas choravam ou tinham chiliques de pura exaustão. Algumas olhavam, inexpressivas, para o mar de rostos estranhos diante delas. Sasha se destacava. A mais vivaz do grupo, animada e entusiasmada, não tinha tempo para lágrimas. Os grandes olhos azuis escaneavam os rostos e Nancy sentiu uma torrente de calor no coração por essa menininha corajosa.

Sasha fora para ficar com Nancy, Bob, Joe e Tim por cinco semanas. Eles viviam em um redemoinho de atividades. Foram à Disneylândia e à Montanha Mágica, tomaram sorvete e comeram *pizza*, frequentaram festas e olharam para o oceano. Os Websters mostraram a Sasha muitas coisas, novos lugares maravilhosos e tentaram fazer todas as coisas que uma família poderia possivelmente fazer com uma menininha que passara a vida inteira entre as paredes de um orfanato. Nancy também levou Sasha a um pediatra, que tinha um interesse especial em crianças adotadas internacionalmente. Quando o Dr. Minke perguntou a Nancy como Sasha se comportava, Nancy disse honestamente: "Ela é sapeca". Embora pequena, Sasha parecia estar com a saúde física em ordem. Eles falaram sobre planos para trazer Sasha de volta para uma avaliação mais profunda, quando a adoção tivesse sido completada.

As cinco semanas terminaram depressa. Não parecia possível que todas as criancinhas fossem, agora, de volta para o orfanato tão longínquo. Nancy sabia que Sasha agora era parte da família e faria qualquer coisa que fosse necessária para trazê-la de volta para ficar. Problemas administrativos, burocracia e mais burocracia atrasaram a viagem de Nancy e Bob ao orfanato no qual Sasha vivia e esperava. Depois de um ano e meio à espera, finalmente chegou a autorização de que Nancy e Bob poderiam ir e pegar a menininha.

Nancy e Bob passaram oito dias com Sasha em um apartamento de um quarto na cidade mais próxima do orfanato. Bob tinha de voltar ao trabalho nos Estados Unidos. Nancy passou mais 35 dias com Sasha, só as duas, mãe e filha. Sasha, magra e pálida, estava em movimento constante e sempre feliz e deliciada com tudo que via. Nancy viu a grande marca careca no topo da cabeça de Sasha em que uma das meninas mais velhas do orfanato tinha sistematicamente puxado o cabelo dela. A energia dela parecia esmagadora para Nancy, que era calma e pacata. A única informação que Nancy tinha sobre Sasha era a burocracia do orfanato. Sasha fora abandonada na porta quando tinha um mês. O nome de sua família não era conhecido. O médico que consultara através do orfanato verificou os únicos fatos que Nancy tinha sobre a menina. Sasha recebera suas vacinas e, sim, é verdade que era de disposição alegre.

Nancy e Sasha embarcaram no trem no subúrbio da cidade de Sasha. As sombrias montanhas e as vastas áreas abertas se desvaneceram atrás delas, à medida que o trem se movia ruidosamente, por horas, por meio das estepes. Depois, elas estavam em Moscou e Sasha ficou em um quarto de hotel pela primeira vez. As visões e os sons da cidade a emocionavam. Então, ela estava em um avião com a mãe, indo para os Estados Unidos, deixando para trás, para sempre, as outras crianças com quem brincara, a única família que jamais conhecera.

Depois de alguns dias, descansados da viagem, Nancy e Bob se dispuseram a cuidar da nova filha. Ela pareceu adequar-se de imediato às rotinas da família. E nunca tinha medo. Nancy estava maravilhada com ela. Sasha começou a escola de verão duas semanas depois de chegar, aprendendo inglês rapidamente. Perdeu o sotaque quase de imediato. Nancy sempre se oferecia para ajudá-la, mas ela recusava a ajuda e resolvia a lição por conta própria. Os testes da escola, feitos logo depois que ela chegara, concluíram que ela estava indo tão bem que não precisava de ajuda com leitura, aulas particulares, pronúncia ou linguagem. O aprendizado não era problema.

Sasha ganhou peso lentamente e começou a mostrar inclinação para o atletismo. De fato, Nancy viu a filha desenvolvendo habilidades que iam para além dos talentos de seus novos irmãos. Seu equilíbrio era muito bom, seus músculos bem desenvolvidos e ela parecia não ter medo de nada. Mas Nancy começou a ver que a filha era realmente difícil de lidar. Sasha não se aborrecia e dançava conforme a música. Raramente ficava triste e queria ajudar todo mundo, sempre tentando ser amável.

Lentamente, outros traços começaram a ser notados no comportamento de Sasha. Ela era hiperativa, indo de atividade a atividade sem parar. Tinha problemas em ficar sozinha e era muito sociável, nunca tinha medo de ninguém. Conversava com quem quer que fosse. Tinha senso de humor e adorava brincar. E era muito, muito teimosa.

Nancy se esforçou muito para conhecer Sasha. Gradualmente, Nancy começou a saber mais sobre os zeladores do orfanato da menina. Todas as noites, eles assistiam a filmes pornográficos diante das crianças. Sasha, parecia-lhe, tinha curiosidade sobre qualquer coisa que se relacionasse a sexo. Ela explicava a pornografia que tinha visto em detalhes explícitos. Falava sobre seu passado e dizia que nunca mais queria voltar. Disse a Nancy, a Bob e a seus irmãos como estava feliz por ter uma família e por estar nos Estados Unidos.

Passou-se um ano. Um dia, Nancy recebeu um telefonema de uma amiga cuja filha brincava frequentemente com Sasha. A amiga estava desesperada depois que a filha lhe revelara que Sasha a tinha envolvido em jogos sexuais. Nancy não queria acreditar que era verdade. Então, descobriu que Sasha estivera furtivamente assistindo a um canal a cabo com programação sexualmente explícita também.

Nancy começou a reunir todas as informações que tinha a respeito do comportamento de Sasha. Sua pesquisa e discussão com outros pais de crianças adotadas daquele orfanato a levaram a procurar ajuda profissional. Ela contatou o Dr. Minke, que lhe recomendou o Kinship Center. O conselheiro do Kinship Center ouviu cuidadosamente as preocupações de Nancy e a ajudou a falar sobre suas experiências como mãe da menina. Encontrando Sasha pela primeira vez, o conselheiro viu uma menininha bronzeada e saudável, com olhos sábios e tristes. Sasha estava morrendo de medo de falar com o conselheiro: ficou imóvel, próxima da mãe, dolorosamente tímida e preocupada sobre essa nova experiência.

Gradualmente, com a mãe a seu lado, algumas vezes segurando sua mão ou esfregando-lhe as costas, Sasha começou a falar um pouco mais, a fazer desenhos sobre a vida dela e, finalmente, sentando-se no sofá com a mãe, começou a contar histórias sobre a vida dela no orfanato. Descreveu como comia o mesmo mingau branco todos os dias. Disse que aprendera a não reclamar de nada, porque, se o fizesse, teria de tirar os sapatos. Aí ela apanharia com seus próprios sapatos de uma das zeladoras do orfanato. Compartilhou memórias de deixar o orfanato, sentindo-se tão maravilhada e surpresa de que seu sonho se tornara realidade, que ela tinha uma família de verdade para viverem juntos.

Um dia, durante o aconselhamento, Sasha falou sobre seu aniversário, que estava próximo. Ela estava cheia de expectativas. O conselheiro ficou sabendo que Sasha nunca tivera um aniversário antes de vir viver com os pais adotivos. A expectativa era tão grande que Nancy contou que Sasha passou o dia inteiro brincando e se recusou a comer o dia todo.

Discussão

A respeito desse caso, Carol Biddle disse: "A história dessa menininha corajosa relembra a todos a força e a resistência do espírito humano. As experiências de sua vida estavam limitadas às quatro paredes de uma instituição, pelos primeiros seis anos de sua vida. Ela luta com a autoestima, com a identidade e com as experiências diárias de ser jovem em uma sociedade moderna, em transformação. Continua a aprender a confiar e a dar e receber afeição. Muitas das lições de vida que uma criança muito menor aprenderia de um dos pais têm de ser repetidas para Sasha, que tem mais idade, porque nunca teve a oportunidade de aprender essas lições pela primeira vez. E Sasha pratica a gratidão todos os dias, dizendo: 'Eu amo você' a cada chance que tem, para a mamãe, para o papai e para os irmãos maiores por lhe proporcionarem a família que ela sempre sonhou ter um dia. Os elementos da história que nos impressionam com as ideias de amor e resistência incluem as imagens da longa viagem de trem pelas estepes. O que é mais resistente do que as montanhas? O crescimento, lento e paciente, do relacionamento dessa família com Sasha reflete perfeitamente como o amor pode superar problemas sérios. Contar essa história ajuda nossa agência a refletir sobre os temas do amor e resistência e passa uma das mensagens mais poderosas da agência".

Uma última história sobre como o Kinship Center trabalha com histórias de Carol Biddle

Quando Carol Biddle estava compartilhando comigo ideias sobre como usar as histórias, ela imediatamente pensou sobre o programa da agência para as pessoas que cuidam das crianças. Esta última história fornece algum *background* sobre o programa Vínculos de Família e explora como as histórias têm sido um tipo de comunicação importante para Carol e para a agência, discutindo o trabalho desse programa da agência.

> Os incógnitos heróis que estão fornecendo famílias permanentes para crianças que, de outra maneira, estariam em famílias de criação, são as avós americanas. O pessoal do Kinship Center ficou extremamente admirado ao descobrir que havia mais de 500 crianças registradas em um programa de parentes cuidadores no pequeno condado de Monterey, na Califórnia. O departamento local de serviço social nos

pedira para resgatar o debilitado programa que não estava correspondendo aos objetivos ou necessidades estabelecidos. O Kinship Center concordou em fazê-lo, porque acredita firmemente que a permanência em uma família aparentada é a melhor opção para as crianças que não podem permanecer com seus pais naturais. O programa acrescentou um novo aspecto à nossa missão e se tornou parte integral do nosso trabalho.

Gostaríamos de deixar registrado que os serviços a avós e outros parentes eram parte de nosso plano estratégico. Entretanto, descobrimos essa parte de nossa missão por acaso, e não propositadamente. Tendo passado 17 anos trabalhando para conseguir e apoiar a permanência das crianças numa família, os parentes não estavam na nossa tela de radar. Lentamente, os avós começaram a migrar para os nossos programas de educação, grupos de apoio e clínicas de saúde mental em número crescente. Em 2002, descobrimos que cerca de 35% de nossos clientes em todo o estado eram parentes, a maior parte avós com renda fixa e baixa, que não tinham qualquer outra fonte de serviços e apoio.

Muitos presentes vêm embrulhados em pacotes que não são imediatamente apreciados. Foi esse o caso dos Vínculos de Família, o programa de parentes cuidadores. Depois que o Kinship Center assumiu a responsabilidade pelo programa, soube que os recursos financeiros expirariam em menos de dois anos. Isso era, definitivamente, um problema inesperado, porque quando o percebemos, o Kinship Center já estava firmemente envolvido.

Os Vínculos de Família tinham serviços e pessoal bem diferentes dos programas já existentes. Muitos membros do pessoal eram, eles próprios, parentes cuidadores, trazendo um novo grupo paraprofissional para enriquecer a organização de maneiras que eles não podiam imaginar. Todos os dias, a partir da abordagem prática deles, aprendíamos lições para capacitar e assistir famílias. Eles definitivamente não eram orientados de maneira clínica, como a maioria de nossos outros programas era. O programa Vínculos de Família nos devolveu ao trabalho social básico e à nossa própria versão de uma experiência de um centro da comunidade da vizinhança. Em consequência, os administradores e membros do conselho se refocaram com muita energia, para conseguir fundos e doações em roupas e alimentos, apoio de férias, aulas particulares, recreação, cuidados nas folgas dos cuidadores mais velhos, como também nos serviços habituais como educação dos cuidadores e nos serviços de saúde mental infantil.

Os membros do conselho e o diretor executivo do Kinship Center contam, frequentemente, histórias à comunidade em geral, no esforço de ganhar apoio para o trabalho que fazem. As histórias dos cuidadores parentes sempre obtêm ressonância nos ouvintes. Quase todo mundo relaciona, de imediato, como é difícil para um parente mais velho ter uma segunda ou terceira geração de crianças que aparece em suas vidas no momento pior possível, sem preparo e sem recursos que possam ter conseguido acumular quando eram mais jovens. Quase todo mundo sabe ou conhece alguém a quem essa inesperada experiência de vida aconteceu. Mais frequentemente, a história está conectada a um filho adulto que se tornou sua própria vítima de abuso de drogas e negligenciou seus filhos. Todo mundo, universalmente, não quer que isso lhes aconteça ou aos avós que conhecem. A história transcende níveis de renda, educacionais e culturais. Leva a maior parte das pessoas às lágrimas e o resto a uma preocupação criteriosa. É a melhor história para ilustrar a importância da família e sua necessidade de consciência e apoio à comunidade. As pessoas que não entendem o cuidado de criação ou a adoção, compreendem avós que arrumam mais um lugar à mesa, mesmo quando a mesa está quase vazia.

Esse enredo é universal e se encontra em situações de parentes cuidadores: imagine que você é uma avó de 50 ou 60 e poucos anos, sozinha, com problemas de saúde, renda fixa ou muito baixa e um pequeno apartamento de um quarto. Você recebe um telefonema do departamento do xerife, no meio da noite, dizendo-lhe que seus três netos estão em custódia e perto de serem colocados emergencialmente em famílias de criação separadas, com estranhos. Informam-lhe que seu filho ou filha está preso e que vai ser sentenciado à reabilitação por uso de drogas ou álcool ou que pode, até mesmo, ir para a prisão. O xerife (ou assistente social) lhe diz que você foi identificado como o único parente conhecido e seguro para receber as crianças. O que você faria? Claro, você vai e pega seus netos, leva-os para casa, ama-os e decide preocupar-se amanhã com qual vai ser o próximo passo.

Discussão

A administração do Kinship Center usa a empatia como uma técnica poderosa quando procura apoio para o programa de parentes cuidadores. Ao contar a história, ela ajuda os ouvintes a sentirem as lutas de uma pessoa mais velha tentando manter a família unida, a despeito de todas as privações.

Resumo

As comunicações efetivas resultam em compreensão e aprendizado. As histórias do Kinship Center são veículos essenciais para a agência. Por meio destas muito se pode ensinar a respeito do que motiva a agência. Elas dão poder a seus membros para falar a respeito de seu trabalho e criar uma cultura vibrante. Não é suficiente dizer que as histórias são motivadoras, porque elas funcionam de maneiras que vão muito além disso. As histórias ilustram como dão poder à comunicação com audiências externas e internas, codificando informações e atuando como ferramentas para pensar.

3 Administrando através de histórias

Já se escreveu muito sobre a "arte" e "ciência" da administração, mas lá, bem no fundo, sabemos que não existem dez passos para se tornar um administrador melhor. Somos culpados por adotar rapidamente o último modismo que surgiu, enquanto nos consolamos por não termos encontrado o santo graal da administração. As pessoas não são simples. Quando você reúne montes delas com a finalidade de dar apoio a uma missão da organização, as necessidades, os desejos e os receios de todo mundo enlameiam a água. Teorias complicadas não vão erguer o véu de mistério, mas princípios simples, de que emergem comportamentos muito complexos, são a nossa maior esperança. As histórias não são a teoria da administração unificada, mas nos oferecem algumas pistas importantes sobre comunicação e relacionamento.

Os desafios de administrar pessoas e processos são mitigados pelo poder das histórias. Nos últimos dois capítulos aprendemos como as histórias desempenham um papel crucial na comunicação dando poder a um orador, codificando informação e atuando como uma ferramenta para pensar. A comunicação é a base da administração e as histórias são uma das melhores maneiras de compreender os mecanismos da comunicação eficaz. Este capítulo examinará duas outras funções das histórias: as histórias requerem audição ativa e nos ajudam a negociar diferenças. Se aprendermos a ouvir ativamente as histórias em torno de nós e se as usarmos para negociar nossas diferenças, nossa procura de melhores práticas administrativas pode ser conseguida.

As histórias requerem audiência ativa

Comecemos nossa discussão sobre administrar por meio de histórias examinando como as histórias exigem audiência ativa. Você já se sentiu como se não estivesse sendo ouvido ou compreendido? Não é surpresa que nossos relacionamentos no trabalho e em casa sejam, muitas vezes, cheios de problemas. Somos horrorosos no que diz respeito a ouvirmos uns aos outros. Para piorar as coisas, não tratamos nossas experiências com circunspecção: portanto, não ganhamos *insights* nem aprendemos com elas. Andamos aos tropeços, esquecidos das perspectivas das outras pessoas e inconscientes de quais experiências contribuíram para o desenvolvimento dos filtros perceptuais que colorem a visão do mundo de cada pessoa. Se tivéssemos de lidar apenas com nossa própria visão do mundo, podíamos não ligar, mas esse filtro inacessível e nebuloso também guia o comportamento dos outros.

A seguinte historinha fornece um vislumbre do problema que ocorre quando ficamos absortos com nossas próprias percepções:

A história do trem

Quatro viajantes dividem um mesmo compartimento no trem: uma bela jovem, sua avó, um distinto general e um jovem oficial. Enquanto o trem corria dentro da noite, as luzes do compartimento repentinamente se apagaram. No escuro, dois sons distintos foram ser ouvidos no compartimento: o som de um beijo suculento e molhado, e o som de uma mão estapeando uma face. Quando as luzes se reacenderam, as faces dos viajantes contavam uma história. O rosto da jovem estava rubro de embaraço. Ela estava morrendo de vergonha pensando que o jovem a beijara no escuro. Estava muito agradecida por viajar com a avó, que estapeara o jovem. As mãos da avó estavam fechadas em punhos raivosos e ela estava fuzilando. Não queria acreditar que o general tentara tirar vantagem de sua neta, mas estava feliz por ter ensinado a neta a nunca deixar que um homem a tocasse sem permissão. Sua neta fizera a coisa certa

> ao estapear aquele velho indecente. As veias no pescoço do general estavam inchadas. Ele estava furioso. Tentara ensinar respeito e disciplina ao jovem oficial. O general não queria acreditar que o presunçoso jovem beijara a linda moça que, então, por engano, estapeara o general. O jovem estava sorrindo de orelha a orelha. Não queria acreditar em sua sorte. Com que frequência você consegue beijar uma jovem maravilhosa e estapear seu chefe ao mesmo tempo?

Nessa história, todo mundo está confuso, com exceção do nosso amigo, o jovem oficial. As emoções correm agitadas e os personagens estão operando – literal e figurativamente – no escuro. Essa história não representa bem como algumas vezes somos culpados por representar? Raramente conhecemos a "história real" atrás dos sentimentos, crenças ou ações de alguém. Pior ainda, não fazemos esforços para descobrir as histórias deles. Convencidos de nossas opiniões, preferimos manter nosso mundo mental arrumado e em ordem, focalizando-nos em nossa perspectiva, em lugar de considerar outro ponto de vista. Embora essas inclinações naturais de nossa mente sejam ativos que a evolução destinou a equipar nossa espécie com a capacidade de atuar com independência e decisão, eles também são passivos quando se tratar de relacionamentos. Quando ouvimos ativamente as histórias de outras pessoas não precisamos abandonar nossas ideias; ao contrário, podemos entrar em uma nova moldura de referência, reconstituindo a história que está sendo compartilhada conosco em nossas mentes e corações. As histórias nos permitem mover para dentro e para fora de uma diferente moldura de referência. Essencialmente, estamos "nos colocando no lugar do outro".

Para muita gente, administração passou a significar "controle". Se não podemos controlar alguma coisa ou alguém, como podemos administrá-lo? Os relacionamentos não podem ser controlados. Temos de aprender como acertar o passo uns com os outros e temos de trabalhar para isso. No entanto, administrar implica relacionamentos, e relacionamentos dependem de linhas abertas de comunicação. Não podemos determinar uma política para assegurar que as pessoas despendam tempo e esforço para ouvir umas às outras. Precisamos modelar esses comportamentos e investir uma tremenda quantidade de energia e paciência para sustentar esses frágeis canais. As histórias se revelam grandes ferramentas para conseguir isso.

Ouvir a história de alguém pode não mudar nossa perspectiva, mas abre o diálogo e aumenta a chance de uma resolução mutuamente satisfatória. Embora possamos não nos tornar ouvintes perfeitos de um dia para o outro, as histórias nos ajudam a compreender as perspectivas uns dos outros porque requerem audiência ativa. As histórias catapultam nossa imaginação para novas direções. Muitas das nossas maneiras habituais de olhar para as coisas podem ser alteradas pela capacidade de uma história de nos atrair. Nossa conexão com os outros e nossa compreensão das perspectivas deles se aprofundam pela capacidade de a história nos informar de um modo que as palavras, em si, não conseguem.

Fui apresentado ao conceito de "audição ativa" por meu pai, Theodore, que é maestro e compositor. Adoro me sentar ao seu lado enquanto ele examina cuidadosamente uma partitura para orquestra. Claro, para mim as notas na página são pouco mais do que uma abstração. Mas para meu pai elas são um rico mar de som e emoção. Com seus olhos, Theodore "ouve" todos os instrumentos tocando a música perfeitamente. Ele é rápido ao me relembrar que Beethoven escreveu sua *Nona Sinfonia* quando estava surdo. Theodore insiste que nem mesmo a melhor gravação da sinfonia pode chegar perto do que Beethoven deve ter ouvido dentro da cabeça.

Lembro-me de observar meu pai enquanto conduzia ensaios da orquestra. Ele começa o primeiro ensaio com qualquer orquestra dizendo: "Se eu não puder falar com vocês com esta batuta, estamos em apuros!". E, ao mesmo tempo em que dizia muito pouco, meu pai comunicava muito e ouvia atentamente. Mesmo durante a mais alta seção de música, quando todos os instrumentos estão tocando **forte**, meu pai consegue isolar o som de um violinista tocando o sustenido ou o bemol errado. Comunicarmo-nos uns com os outros seria muito mais fácil se todos tivéssemos habilidades de audição excepcionais.

Tome um momento para considerar por que a mesma peça musical evoca diferentes emoções em pessoas diferentes. Poderia ser porque o poder emotivo da música está ligado às memórias, histórias e associações que as pessoas fazem? A esse respeito, as histórias e a música são muito semelhantes. As histórias têm múltiplos fios de meada. Não envelhecem.

Entretanto, nossa imaginação fica com preguiça. Precisamos desafiar a nós mesmos. É possível que encontremos uma nova pepita de ouro cada vez que ouvimos ou contamos uma história? Podemos encontrar um novo ângulo, uma nova nuança? Para fazer isso, precisamos desenvolver a capacidade de audição ativa.

Lembro-me dessa linda história:

> *Uma velha e sábia coruja vivia em um carvalho; quanto mais via, menos falava; quanto menos falava, mais ouvia. Por que não podemos todos ser como aquela velha e sábia coruja?*

O que precisamos é fazer menos e ouvir mais. Mas a quantidade ideal de cada um é muito difícil de mensurar. Os resultados são inegáveis, mas de alguma maneira, se esquivam da observação direta. Como uma árvore que muda de cor no outono e perde as folhas no inverno, as transformações são imperceptíveis no dia a dia, mas, quando vistas sob a perspectiva sazonal, os resultados são surpreendentes.

Administrar é a arte de trazer nossa atenção para o momento. Como a velha e sábia coruja, quanto mais nos esforçamos para ouvir as histórias das pessoas, mais conseguiremos administrar não administrando. Em outras palavras, à medida que ouvimos as histórias uns dos outros, torna-se possível negociar diferenças. Com frequência nossos conflitos são uma função de não ouvir e compreender uns aos outros. Soluções espontâneas e resoluções aparecem quando entramos na estrutura referencial de outra pessoa. Compartilhar nossas histórias gera imagens vívidas para as outras pessoas, porque quando ouvimos ativamente nós lhes revelamos nossas experiências e, portanto, constrói-se uma ponte de compreensão entre duas ou mais pessoas. O maior desafio para os administradores é criar um ambiente de genuíno interesse, confiança, abertura e reciprocidade, em que as pessoas compartilham suas histórias de boa vontade.

Se houver apenas um conceito deste livro que você vai por para funcionar, permita que seja este:

Extraindo as histórias de outras pessoas, as suas próprias e ouvindo-as ativamente, você vai melhorar as comunicações e construir relacionamentos satisfatórios, produtivos e recompensadores em todas as áreas de sua vida.

Vignette nº 4: O cachecol vermelho

Joe andou rapidamente para o auditório. Adorava fazer o seminário sobre liderança no MBA. O tópico de hoje ia ser complicado. Como poderia passar para a classe os esquivos conceitos de audição ativa, empatia e sua importância para a liderança? Enquanto andava para a frente da sala, decidiu contar à classe uma de suas histórias favoritas. Quando os estudantes tinham se acomodado nas cadeiras, ele começou.

"Era uma vez um rei poderoso chamado Stephan, que tinha quase tudo: terras, riquezas e tremendo poder. Infelizmente, Stephan sentia falta de uma coisa: queria uma esposa. Um dia ele se voltou para o conselheiro-chefe e disse: 'Você tem a filha mais bonita deste país. Minha vida está completa, mas preciso de uma companheira. Vou me casar com sua filha. Vá e conte a ela meu desejo. Precisamos organizar uma festa de casamento estupenda tão cedo quanto possível'.

O conselheiro-chefe foi para casa aterrorizado. Ele sabia que a filha era muito seletiva em relação aos homens com quem saía. E se ela não quisesse se casar com o rei? O rei com certeza o decapitaria. Cuidadosamente, o conselheiro-chefe se aproximou da filha Zalea e começou seu apelo.

'Minha queria Zalea, tenho grandes novidades para lhe contar. O rei quer se casar com você. Não é maravilhoso?' Sem parar para respirar ou para olhar a filha nos olhos, ele continuou: 'Vou correr de volta para o palácio para dizer ao rei que você aceitou a proposta dele'.

'Pai, espere', começou Zalea. 'Como é que eu poderia me casar com o rei? Eu nem o conheço, nem o amo. Estou lisonjeada com a proposta, mas não posso aceitar a proposta de jeito nenhum.'

O rosto do conselheiro-chefe se contorceu de dor. 'Zalea, a cabeça de seu pobre pai pode estar em jogo. Você não quer decepcionar o rei, quer? Ele é um rei e um empregador tão maravilhoso. Pense em todas as mordomias que você terá como rainha. Não acho que seja uma oportunidade de carreira que você deva deixar passar.'

A face de Zalea se iluminou. 'Você está certo, pai. Sei que o rei tem a reputação de ser um bom homem, mas ele é jovem e não tem qualquer habilidade de alta demanda. Diga ao rei que aceitarei sua proposta só com uma, uma única condição.'

A expressão do conselheiro-chefe ficou mais relaxada. 'E qual é ela?'

Olhando o pai direto nos olhos, e com o autocrático tom de uma rainha, ela disse: 'O rei precisa aprender uma profissão. Quando ele puder me demonstrar que tem uma habilidade de alta demanda, aceitarei a proposta dele'.

O conselheiro-chefe fechou a cara. Reconheceu o tom de voz. A filha tinha decidido e não mudaria de ideia por nada no mundo. Lentamente, voltou para o palácio.

Lá, fez tudo o que podia para evitar o rei. Finalmente, o rei o procurou e acabou por encontrá-lo. 'Onde esteve? Fiquei procurando por você em todo o palácio. Conte-me qual foi a decisão de sua filha'.

'Bom, Alteza', disse o conselheiro-chefe, 'minha filha ficará feliz em aceitar sua proposta. Entretanto, ela tem um pequeno pedido. Zalea quer que Sua Alteza aprenda uma profissão.'

'O quê?', rugiu o rei.

'Uma profissão, Sua Alteza.' Temendo o pior, o conselheiro-chefe fechou os olhos e juntou as mãos num gesto de oração.

'Hmmm', resmungou o rei. 'Conselheiro-chefe, agora sei que sua filha é tão sábia quanto bonita. Vou satisfazer ao desejo dela. Amanhã vou começar a procurar uma profissão para aprender.'

O conselheiro-chefe suspirou profundamente de alívio e correu o caminho todo para casa para contar as novidades para a filha.

Nos dias que se seguiram, o rei observou e falou com todo tipo de artesão. Observou os departamentos de Marketing e Publicidade discutindo o posicionamento e a marca dos produtos. Ouviu papos de vendedores arrogantes. Bocejou incontrolavelmente enquanto os funcionários do Departamento de Contabilidade verificavam sua posição financeira, e chegou perto de perder o almoço enquanto ouvia o pessoal do Departamento de Tecnologia da Informação adotar freneticamente novas estratégias de comércio virtual. Finalmente, o rei encontrou um velho tecelão que começou a lhe mostrar as complexidades de sua profissão.

O rei trabalhou em seu tear noite e dia para aprender a nova profissão. Um dia, ele chamou o conselheiro-chefe para lhe mostrar o cachecol esplêndido que tecera: era uma rosa vermelha sobre um fundo escuro, verde-floresta. O rei pediu ao seu conselheiro-chefe para levar o cachecol de presente para Zalea. Quando Zalea o viu, soube que o rei tinha aprendido a profissão de tecelão. Toda feliz, ela concordou em casar-se com ele e houve uma celebração grandiosa e alegre.

O rei logo compreendeu que sua esposa era, de fato, muito sábia. Pedia os conselhos dela sobre todos os negócios do reino. Um dia, ele disse a Zalea: 'Não sei o que as pessoas de nosso reino querem, nem como se sentem. Não posso confiar em meus conselheiros. Eles me dizem o que acham que eu quero ouvir. Como posso aprender a ser sensível às necessidades do meu povo?'.

'Meu querido', começou Zalea, 'você precisa se colocar no lugar de seu povo. Vá para o mercado vestido como uma pessoa comum. Enquanto perambula por lá, ouça o que as pessoas dizem umas às outras. Então, acredito que você encontrará respostas às suas questões.'

'Assim, o rei e alguns de seus conselheiros se disfarçaram e foram ao mercado. Enquanto passeavam, o rei ficou admirado com o que ficou sabendo. Por volta do meio dia, o rei se voltou para os conselheiros e disse: 'Estou com fome. Vamos comer alguma coisa'.

'Brilhante!', respondeu o conselheiro-chefe. 'Vamos tirar essas roupas horríveis e voltar ao palácio para uma refeição adequada.'

'Não', retorquiu o rei. 'Quero comer como o povo de meu reino. Ouvi pessoas falando sobre um lugar excelente, famoso por seus hambúrgueres e sanduíches de carne e queijo Philly. Vamos comer lá.'

O rei foi na frente, seguido timidamente por seus conselheiros. Chegaram ao restaurante. Quando tentaram entrar, um alçapão se abriu a seus pés e eles caíram em um fosso profundo e escuro. Momentos depois, o alçapão se abriu e um homem horrível grunhiu para eles enquanto lhes atirava hambúrgueres para comer. 'Agora vocês sabem por que eu tenho os melhores hambúrgueres do reino. Eles são feitos com pessoas gordas e rechonchudas como vocês'. O homem fechou o alçapão com força e foi embora, rindo.

'O que faremos agora?', gemeu um dos conselheiros.

'Estamos praticamente mortos', choramingou um outro.

'Ouça, Sua Alteza', disse o conselheiro-chefe, 'acho melhor dizer àquele idiota quem somos. Assim vamos acabar com essa palhaçada.'

'Quietos, todos vocês!', gritou o rei. 'Se dissermos a esse diabo de homem quem somos, aí sim é que vamos estar praticamente mortos. Agora, deixem-me sozinho por um momento. Preciso pensar. Nenhum de vocês deve proferir uma única palavra da próxima vez que ele vier.'

Bem mais tarde, a porta do alçapão se abriu. 'Comam, minha gente. Tenho montes de clientes famintos para alimentar', berrou o perverso homem.

'Desculpe-me, senhor', replicou o rei. 'Sei que o senhor não pode nos soltar, mas a minha vida é tão preciosa para mim. Sei tecer os cachecóis mais maravilhosos que o senhor jamais viu. A rainha, no palácio, paga altíssimas quantias por eles. Com certeza o senhor se dá conta de que podemos ganhar mais dinheiro para você tecendo cachecóis, do que vai ganhar com os miseráveis hambúrgueres que pode fazer com nossos corpos. Se o senhor me der um tear e um pouco de linha vermelha e verde, vou lhe mostrar como posso torná-lo mais rico.'

'Vou pensar nisso', bufou o malvado. Alguns minutos depois, o alçapão se abriu e o homem atirou um tear e linhas para o rei.

O rei trabalhou a noite inteira. Teceu um cachecol maravilhoso com uma rosa vermelha sobre um fundo escuro, verde-floresta. De manhã, ele o deu ao homem malvado, dizendo: 'Leve este cachecol à Rainha Zalea. Ela vai lhe pagar um alto preço por ele.'

O homem correu o caminho todo ao palácio. O palácio tinha entrado no caos desde que o rei e seus conselheiros haviam desaparecido. Quando Zalea viu o cachecol, imediatamente reconheceu o trabalho do marido. Pagou ao homem malvado quatro moedas de ouro e lhe deu opção de ações que valiam muito mais. Quando o malvado foi embora, Zalea mandou que o exército real o seguisse.

Ela mesma foi à frente do exército. Quando chegaram ao restaurante do homem malvado, o exército confiscou todos os seus bens, instruiu o Departamento de Justiça para que sua franquia fosse anulada, disse ao carrasco que lhe cortasse a cabeça e libertou o rei e seus conselheiros. Zalea e o rei cavalgaram juntos em direção ao pôr do sol e viveram felizes para sempre."

Questões para reflexão

Antes de continuar lendo, reserve alguns momentos para pensar sobre as seguintes questões:

1. Quais são alguns exemplos de audição ativa, na história?
2. Por que Zalea quis que o rei aprendesse uma profissão?
3. Como a imagem de tecer se relaciona com audição ativa?

Análise

O rei Stephan aprendeu o valor da audição ativa. Quando Zalea o instruiu a aprender uma profissão antes de se casar com ele, o rei reconheceu a sabedoria da moça. Ele se deu conta de que, embora fosse um rei poderoso, não tinha habilidades específicas. Por isso, partiu para uma missão relacionada à descoberta de fatos.

Uma das alegrias das histórias é que elas podem se desenvolver e adaptar-se para encaixar-se à audiência a que se destinam. Essa história é contada a estudantes de administração, por isso nosso contador de histórias insere referências e associações que vão atrair o interesse deles.

O rei descobriu que havia muitos aspectos do seu reino e do povo sobre os quais não sabia coisa alguma. Por isso, partiu em uma missão de descoberta e decidiu aprender a arte de tecer. Dominar qualquer nova habilidade requer tempo, paciência e muita audição ativa. O rei deu um primeiro passo vital para compreender melhor o seu povo. Em muitas culturas, os tecelões são retratados como contadores de histórias. Aprendendo a arte de tecer, o rei está contatando a si mesmo, às suas histórias e, finalmente, ao seu povo.

Depois que o rei e Zalea se casaram, ele se apoiou fortemente nela para aconselhamento. Fez à esposa uma pergunta simples, mas profunda: "O que seu povo pensa e sente?". A resposta de Zalea capturou a essência da audição ativa. Ela disse ao rei: "Você deve se colocar no lugar do seu povo". Zalea ajudou o marido a desenvolver compaixão e empatia. Quando o rei andou como um plebeu entre as pessoas comuns, surpreendeu-se com o que ouviu e ficou sabendo. Conseguiu adotar uma nova estrutura de referência. Ele suspendeu sua perspectiva real com eficácia e abraçou a perspectiva do povo do seu reino.

Quando conseguimos ouvir ativamente as histórias uns dos outros e consideramos nossas próprias respostas a elas, alcançamos um novo nível de compreensão. Tornamo-nos capazes de abranger contradições e paradoxos. Tomamos consciência de pensamentos, sentimentos e emoções competitivos. E, ao contrário da "mente racional", a "mente histórica" pode entreter todas essas possibilidades sem experimentar qualquer dissonância.

Voltando à história, vemos que o rei usou suas recém-adquiridas sabedoria e profissão quando ele e seus conselheiros foram apanhados pelo homem malvado. O rei não usou a força. Sabia que nem a força nem sua posição social conseguiriam fazer com que saiam desse apuro, muito pelo contrário. O rei precisava ser astuto. No final, foi a sua capacidade de ouvir ativamente que o salvou e o reuniu com sua sábia e belíssima esposa.

Ouvir ativamente desempenha um papel fundamental nas comunicações verbais e escritas. A próxima história é sobre um memorando. Sob as acertadas recomendações profissionais desse memo há subtextos.

A Capital Success Training Company está passando por mudanças para solidificar seu lugar competitivo no mercado. Antes de ler a *vignette*, há alguns fatos importantes:

- Os treinadores são contratados externamente. Eles recebem uma quantia diária para dar seminários e também uma comissão sobre as mercadorias vendidas durante o evento.

- Mais de 95% dos seminários duram um dia inteiro.

- A Capital Success usa um plano de comissão *per capita*, por produto vendido.

- Antes das novas modificações políticas introduzidas no memorando a seguir, os treinadores sempre recebiam a ajuda de um assistente em todos os seminários e uma remessa de livros, fitas e materiais para exame dos participantes e para os treinadores venderem.

Vignette n° 5: Capital Success Training Company

Clyde leu o memorando uma última vez. Enquanto ele estivesse no controle, faria o que fosse necessário para colocar a Capital Success Training no mapa. Desde 1990, a empresa contratara mais de 350 treinadores para ensinar 45 classes. Durante os últimos três anos, Clyde aumentara a receita da empresa em 60% introduzindo a venda de livros, vídeos e audiotapes durante as aulas.

Leo suspirou enquanto abria o memorando da Capital Success Training. Era difícil controlar por completo todas as mudanças da empresa. Desde que Leo começara, aprendera como ser um vendedor eficaz. Em toda aula que dava, colocava uma mesa de vendas no fundo da sala para exibir os produtos que a Capital Success Training lhe mandava. Leo não gostava de vendas, mas, com a ajuda de um assistente, em geral conseguia vender o suficiente para ganhar uma comissão decente. Em alguns minutos encontraria um grupo de treinadores da Capital Success para um drinque. Nesse meio tempo, ele releu o memorando, que dizia:

De: Clyde Clawson

Para: Treinadores da Capital Success

Assunto: Novas políticas de vendas

Todos têm trabalhado duro. Como continuamos a crescer, eu gostaria de repassar algumas novas políticas. Aqui está um resumo do que precisamos fazer:

1. Restringir a lista de produtos de livros, fitas e audiocassetes vendidos em nossas aulas.
2. Rever para quais aulas vamos enviar produtos.
3. Eliminar assistentes administrativos de vendas das aulas com baixa frequência.
4. Avaliar os treinadores com base na avaliação de suas classes e nos resultados de vendas.

Para alguns de vocês, essas mudanças podem soar drásticas, injustas, arbitrárias, humilhantes, punitivas. Opte pelo adjetivo reclamador de sua escolha. Você tem direito à sua própria opinião, é claro, mas certifique-se de que compreende e considera os fatos antes de tirar conclusões errôneas.

Somos financeiramente sólidos, e a nossa fatia de mercado continua a crescer. Aqueles de vocês que observam nossa concorrência sabem que eles têm declinado em número de aulas apresentadas, número de funcionários e número de treinadores contratados. Mas nós continuamos a crescer em todas as categorias.

Acreditamos que continuaremos adiante da matilha toda tomando decisões proativas e inteligentes antes que as condições econômicas ou mercadológicas nos forcem a tomar decisões reativas e defensivas. Enquanto pudermos proteger e alimentar as melhores características de nosso negócio eliminando as piores, vamos permanecer saudáveis.

Como isso tudo pode impactar você pessoalmente é decisão sua. Se você estiver pensando: "Ei, minhas vendas sempre são boas, por isso não vou ver muitas mudanças", você está certo. Ou se estiver pensado: "Bom, posso aprender a fazer vendas pelo catálogo, desde que tenha amostras para exibir", você também está certo e, provavelmente, vai conseguir suas vendas de volta ao ponto em que o despacho não é questão! Mas se sua reação for: "Eles não vão comprar nada se não puderem levar o item com eles", acho que você é um daqueles treinadores que não vendeu muito de coisa alguma, em quaisquer condições. Se isso continuar a ser uma desculpa conveniente, vou sentir falta de trabalhar com você.

Depois que passar o impulso de telefonar e fazer o jogo do "não é horrível!" com seu melhor amigo treinador ou assistente mais perspicaz, telefone-me, por favor. Tenho montanhas de ótimas ideias sobre como todos nós podemos prosperar com a venda de produtos!

À medida que o nosso negócio se desenvolve e cresce para atender às demandas do mercado, a mudança é inevitável. Fazemos pequenos ajustes o tempo todo, como vocês sabem, porque esse é o tipo de administração de resposta rápida que nos permite permanecer fortes e continuar a crescer. Para certificar-nos de que estamos sempre indo para diante, sempre dando aos nossos clientes o que eles querem, e sempre fornecendo aos treinadores oportunidades para treinar e sempre operando com a melhor relação custo/benefício possível, algumas condições exigem mudanças mais abrangentes:

1. Os treinadores com os melhores resultados de vendas serão programados para dar palestras antes dos outros.

2. Enviaremos produtos para suas aulas quando sua história de vendas naquele tópico e o comparecimento projetado indicarem que seu esforço gerará vendas suficientes para, pelo menos, cobrir os custos. Algumas aulas não terão produtos para vender.

3. Todas as aulas e todos os treinadores receberão catálogos de produtos, juntamente com todo o apoio que pudermos dar para ajudar todo mundo a vender bem. À medida que suas vendas aumentarem, também vão aumentar suas chances de receber produtos.

4. Estamos montando programas de treinamento para ajudar você a aprender novas técnicas de venda através de amostras e catálogos. Você continua a ter direito a ganhar as percentagens de comissão estabelecidas para cada aula, independentemente de os produtos estarem na classe.

5. Em todas as aulas em que você estiver atuando como seu próprio administrador do programa receberá uma comissão adicional de 2% sobre as vendas do dia. E, sim, em resposta a muitos de vocês que assim pediram, você pode, com nossa concordância prévia, escolher ser seu próprio assistente em uma aula com alto nível de presença, quando tivermos certeza de que o serviço ao consumidor não será sacrificado.

Para falar com muita franqueza, quanto melhores forem suas vendas, menor a quantidade de mudanças que você vai experimentar. Mesmo para tópicos de treinamento para os quais nós normalmente não enviaríamos produto, você ainda vai ter muitas oportunidades para provar que seu desempenho em vendas justifica que tenhamos a despesa de fazer isso. Ambos nos beneficiaremos quando você tiver sucesso ao vender produtos.

Os treinadores que tenham tido resultados de venda excelentes verão muito poucas mudanças, se virem, como resultado desses novos procedimentos. Os treinadores que tenham estado lutando com vendas mas trabalhando conosco para melhorar serão apoiados, desde que estejam fazendo progressos que valham a pena com vendas. Os treinadores que não produzem resultados aceitáveis em vendas, que não demonstram qualquer esforço, ou que simplesmente não ligam vão descobrir que igualaremos o nível deles. Certamente não vão ter qualquer produto em suas aulas, e se a sua inabilidade em vender persistir, podem descobrir que nossa capacidade de destiná-los a aulas terminou.

Estamos trabalhando em grande variedade de programas para ajudá-lo a aumentar suas vendas. Uma nota final: por favor, não se torne vítima de rumores ou fofocas. À medida que as árvores crescem, elas precisam ser podadas, para que a madeira morta não reduza o crescimento de ramos e folhas fortes. Isso é exatamente o que estamos fazendo, apenas isso. Entretanto, os ramos das árvores não têm o luxo de escolher seu próprio destino. Você tem. Quando você precisar de mais explicações ou tiver perguntas, pergunte-me. Juntos, vamos trabalhar duro para manter nosso crescimento.

> Leo dobrou o memorando ao meio e o colocou no bolso. Perguntou a si mesmo o que os outros treinadores diriam a respeito do memorando de Clyde. Ele tinha certeza de que deveria haver alguma outra história, ali. Leo encolheu os ombros, vestiu o casaco e saiu para um drinque muito necessário.

Subtexto

Para penetrarmos no âmago do memorando de Clyde, precisamos procurar o subtexto. Clyde está numa missão. De uma certa perspectiva, seu memorando parecia razoável. A Capital Success Training estava tomando decisões profissionais acertadas. Clyde estava introduzindo políticas para reduzir os custos e aumentar os lucros. Quem pode não concordar?

Mas dê uma espiada no tom do memorando. É persuasivo ou imperioso? Se você fosse um treinador lendo o memorando, você ficaria zangado e se sentiria insultado com esse tom? Clyde não deu margem para as reações dos treinadores. Ele tentou antecipar as suas emoções e respondeu fazendo ameaças. Alguns exemplos de palavras ou frases usadas nesse memorando, que ameaçaram em lugar de representar pensamentos compartilhados, são: "Acho que você é um daqueles treinadores que não conseguiu ou não quis vender" e "vou sentir falta de trabalhar com você". Frases como essas estabelecem distância entre o remetente e os leitores e fazem pouco para estimular uma parceria em produtividade.

Questões para reflexão

Antes de continuar lendo, reserve alguns minutos para pensar sobre as seguintes questões:

1. Qual foi sua primeira reação ao memorando?

2. Qual é a perspectiva do gerente de vendas? Qual é a perspectiva dos treinadores? Qual é a perspectiva organizacional?
3. Você consegue pensar em políticas alternativas?
4. O que você deduz sobre essa empresa? Como seria trabalhar lá?

Análise

Pode haver muitas histórias por trás do tom de Clyde. Talvez o chefe estivesse em cima dele para conseguir maiores vendas e lucros. Clyde poderia acreditar que o seu emprego estava em risco se ele não aumentasse o Lucros e Perdas por meio de vendas. Clyde estava assustado. Sua história estava fora de controle. Até mesmo seu uso da metáfora de uma árvore estava fora de lugar.

Se há uma coisa de que podemos ter certeza é que Clyde perdeu a perspectiva e o controle. Enquanto seu tom e seu fracasso em motivar os treinadores podiam estar claros para os outros, ele mesmo não tinha consciência dos subtextos da mensagem que enviou. Clyde se trancou em sua história. Nossa capacidade de ouvir ativamente a história dele nos capacita a ganhar *insights*, mas a sua incapacidade de ouvir o aprisiona.

Incidentalmente, o memorando de Clyde esclareceu a história da Capital Success Training. Qual é, na realidade, o negócio deles? Pelo memorando, pareceu que a Capital Success estava mais interessada em vender produtos do que em fornecer treinamento. Talvez fosse hora de a empresa mudar de nome para Capital Success Resources and Lectures (Sucesso Capital Recursos e Palestras).

Vignette nº 6: Casa da Moda

Gloria hesitou enquanto pegava o telefone para chamar o Departamento de Atendimento ao Consumidor da Casa da Moda. Era difícil acreditar que ela fora uma cliente leal por mais de 30 anos. À luz de todas as complicações e péssimo atendimento ao consumidor que recebera recentemente, Gloria achava difícil permanecer focada nas experiências positivas que tivera com a empresa, ao longo dos anos.

Os extratos de conta-corrente de Gloria totalizavam US$ 2.005, que não eram despesas suas. Tinham-lhe assegurado, muitas vezes, que os débitos seriam retirados. Entretanto, depois de cinco meses, os débitos ainda estavam no extrato. Agora, Gloria tinha de chamar o Atendimento ao Consumidor com um outro problema e não estava nem um pouco entusiasmada com essa conversa. Terminou de discar o número de telefone e torceu para dar certo.

Enquanto isso, Jill, a mais nova funcionária do Departamento de Atendimento ao Consumidor da Casa da Moda, começou a trabalhar numa pilha de problemas de clientes não resolvidos. Desejou nunca ter aceitado o emprego. O mentor de Jill a tinha persuadido a trabalhar ali para ganhar melhor compreensão do negócio e de seus clientes. Depois de muitos meses lidando com pessoas que se lamuriavam e cheias de nove horas, Jill começara a ter dificuldades para ouvir as histórias dos clientes.

Quando o telefone tocou na escrivaninha dela, ela o apanhou sem nenhum entusiasmo e disse: "Bom dia. Departamento de Atendimento ao Consumidor da Casa da Moda. Jill falando".

"Bom dia, Jill, meu nome é Gloria Vera. Espero que você possa me ajudar."

"Vamos ver o que eu posso fazer", respondeu Jill, concisamente. "Qual é o seu problema?"

"Comprei um vestido quatro meses atrás. É lindo, e realmente gostei de usá-lo. Na semana passada, levei-o ao tintureiro para lavar a seco, e quando o recebi de volta estava rasgado em dois lugares."

Antes que Gloria terminasse a explicação, Jill interrompeu. "Escute, senhora Vera, a Casa da Moda não pode ser responsável pelo estrago no vestido feito pelo tintureiro. Sugiro que a senhora volte lá para resolver o problema."

"Jill, será que você pode me deixar terminar? Sou cliente do mesmo tintureiro há 20 anos e nunca tive qualquer problema. Nas poucas vezes em que houve problema, ele sempre arcou com qualquer estrago feito na minha roupa."

Jill respondeu em um tom muito agitado: "Gloria, não podemos ter certeza sobre a qualidade do trabalho do seu tintureiro. Portanto, acho que não há nada que eu possa fazer. Sugiro que a senhora fale com ele para resolver o problema".

"Sempre fui uma boa cliente, por mais de 30 anos", retrucou Gloria.

"Estou olhando para a sua ficha e vejo um saldo devedor de US$ 2.005", contrapôs Jill. "Talvez seu vestido tenha se rasgado enquanto a senhora o usava."

Gloria perdeu a paciência. "Está querendo dizer que não estou sendo honesta? Você devia pesquisar um pouco antes de começar a questionar minha ficha. Esses débitos são resultado de erros de vocês e estão sendo retirados. Se rolar a tela do computador mais para baixo, verá notas indicando os erros que foram cometidos, assim como as correções a serem feitas. Você vai ver que estou esperando que esses débitos sejam retirados do meu extrato de conta há cinco meses." Fez uma pausa e continuou:

"No que se refere ao vestido, telefonei para saber se vocês podem entrar em contato com o fabricante. Os rasgos provavelmente ocorreram porque o tecido não presta. Como está claro que você não tem intenção de me ouvir ou de me ajudar, entrarei em contato com o fabricante eu mesma".

Gloria bateu o telefone e prometeu a si mesma que nunca mais compraria coisa alguma na Casa da Moda. Incrédula, Jill olhou para o telefone e perguntou a si mesma se um dia iria compreender os clientes.

Questões para reflexão

Antes de continuar a leitura, reserve alguns momentos para pensar sobre as seguintes questões:

1. Por que Jill não conseguiu ouvir Gloria?
2. É provável que as habilidades de Jill no serviço ao cliente melhorem?
3. Como ela poderia ter respondido melhor ao telefonema de Gloria?

Análise

Gloria foi vítima da incapacidade de ouvir de Jill. Os preconceitos são inimigos da audição ativa. Ficou claro que Jill não gostava de seu trabalho. Sua má disposição tornou difícil, para ela, ter empatia com um cliente. Jill não estava aberta a encontrar novas perspectivas porque tinha outras histórias fixadas na mente. O tom dela foi defensivo e ela demonstrou ser incapaz de ouvir Gloria.

Enquanto Gloria tentou explicar a situação, Jill saltou às conclusões. Em um esforço para ignorar completamente a história de Gloria, Jill rapidamente olhou para a conta de Gloria no computador. Entretanto, na pressa, ela não examinou todas as informações, porque pensou que já sabia qual era a história. Tristemente, a Casa da Moda perdera um cliente e, pior ainda, parece que Jill não aprendeu coisa alguma com essa experiência. Jill estava trancada em sua história. Até que tente ouvir ativamente, ela vai continuar repetindo o mesmo erro.

Vignette nº 7:
O enigma matemático

Era um dia monótono na Nova Inglaterra, e o último lugar em que eu queria estar era na área de espera, suja e fria, de uma oficina mecânica. Peguei uma revista e me sentei numa cadeira. Como era bem cedo, de manhã, havia apenas uma outra pessoa na grande área de espera e escolhi uma cadeira do lado oposto de onde ela estava. Depois de alguns minutos, um velho apareceu com um balde, um rodo e alguns trapos. Começou a limpar as janelas de modo lento e deliberado. Olhei-o de relance e depois voltei ao meu comportamento de eremita. Ele pareceu contente, focado na tarefa e não interessado em interagir com ninguém.

A jovem do outro lado da sala começou a ficar irrequieta e eu sabia que ela estava pouco à vontade. Olhei na direção dela e me dei conta de que ela não se sentia bem observando o velho trabalhar. Ele parecia estar trabalhando duro, mas nada que justificasse atenção especial. Acho que ela simplesmente não gostava de ser uma espectadora passiva. O fato de ver alguém trabalhando sem fazer qualquer esforço para ajudá-lo ou, pelo menos, tomar conhecimento da presença dele, deve ter insultado sua sensibilidade. A agitação dela chegou ao limite e as palavras despencaram da boca dela: "Bom dia", disse, dirigindo o cumprimento ao velho.

Espiando do canto de minha revista, observei o velho inclinar a cabeça ligeiramente, mas ele não respondeu. Determinada a obter uma resposta, a mulher repetiu o cumprimento. Novamente, o velho a ignorou.

Tentando uma última vez, ela arriscou de maneira operística: "Como está indo?". Dessa vez o velho se voltou lentamente olhando para ela e disse, com um rico e profundo sotaque irlandês: "Tenho uma pergunta para você, moçoila. Quanto é metade de dois mais dois?". Ignorando a clara irritação do homem, ela deu uma risadinha boba e não respondeu. Então ele pressionou de novo: "Vamos lá, moçoila. É uma pergunta simples, quanto é metade de dois mais dois?".

Ela sorriu e respondeu: "Dois, é claro". Sentado como espectador inocente do outro lado da sala, comecei a perguntar a mim mesmo onde essa coisa toda ia parar. Ele olhou na minha direção e disse: "E você, rapaz, quanto é a metade de dois mais dois?". Bom, matemática nunca foi meu forte, mas pensei que podia me virar com essa, por isso respondi: "Dois". Ele continuou a pressionar nós dois: "Agora eu quero que vocês pensem com muito cuidado, quanto é metade de dois, mais dois?". Fez uma pausa e em seguida partiu para o ataque final: "Há uma razão pela qual Deus lhe deu dois ouvidos e só uma boca!".

Questões para reflexão

Antes de prosseguir a leitura, reserve alguns momentos para pensar sobre as seguintes questões:
1. De que maneiras a moça não ouviu ativamente o velho na história?
2. Cite algumas formas como a charada do velho funciona.

Análise

Essa história é real. É um miniexemplo maravilhoso dos mesmos desafios que as organizações enfrentam. Há quem possa acusar o homem de má comunicação por apresentar um enigma. Entretanto, como a moça estava preocupada com seus próprios sentimentos, não prestou atenção às deixas disponíveis. A história é um caso clássico de autopercepções influenciando a comunicação. Se ela estivesse ouvindo com consciência da situação, nunca teria envolvido o velho na conversação. Como a mulher tagarela, as organizações precisam enfocar-se mais em ouvir e menos em falar para comunicar-se com eficácia.

O enigma matemático ilustra os inter-relacionamentos entre audição, suposições e comunicação. Como estávamos predispostos a responder o enigma de uma certa maneira, não fomos capazes de ver outras possibilidades. O poder de comunicação do homem não é função de trapaça. O fato de termos respondido erradamente ao enigma não é importante. O homem encontrou uma maneira eficaz de usar um jeito de contar uma história para nos pedir que o deixássemos em paz e fôssemos ouvintes melhores. Sua comunicação operou em múltiplos níveis e me deram uma história duradoura para alimentar minha reflexão e compartilhá-la com outras pessoas.

Vignette nº 8:
A colher[1]

Era uma vez uma menina órfã que vivia com suas cruéis madrasta e irmãs de criação. A pobre menina trabalhava todos os dias sob a severa e contínua observação de sua madrasta e a incessante zombaria das irmãs. Um dia, a menina estava perto do rio lavando a prataria. Uma das colheres escorregou de seus dedos e afundou rapidamente para um lugar no qual ela não podia alcançá-la.

---

1 Reimpresso com a permissão de M. E. Sharpe, Armonk, Nova York – *The Strategic Use of Stories in Organizational Communication and Learning* (O uso estratégico de histórias na comunicação e aprendizado organizacional), Terrence L. Gargiulo © 2005.

Tentando lutar com as lágrimas, ela notou uma velha senhora tomando sol sobre as rochas. A velha gritou: "Qual é o problema, doçura?".

"Perdi uma das melhores colheres de prata da mamãe. Ela nunca vai me perdoar e com certeza vai me dar uma surra", chorou a menina.

"Talvez eu possa ajudá-la", respondeu a velha. "Mas antes você pode vir aqui coçar as minhas costas?"

A menina se compôs e começou a subir as pedras para alcançar a velha mulher. Quando ela coçou as costas dela, suas mãos ficaram cortadas e machucadas pela pele áspera da mulher. A velha se voltou para olhar a menina e notou que suas mãos estavam arranhadas. Ela as curou depressa, exalando um suspiro longo e lento, respirando diretamente sobre as mãos da menina. Depois, disse à menina: "Antes que eu a ajude a recuperar a colher, por favor venha à minha casa para uma refeição".

A menina concordou e as duas foram para a casa da velha. A mulher pegou uma enorme panela e a passou para a menina, dizendo: "Vamos fazer uma sopa superapetitosa. Encha a panela com água, coloque este único feijão na água junto com este osso, acrescente um grão de arroz e teremos um banquete".

A menina olhou incredulamente para a velha, mas podia sentir que ela falava sério. Deixando as dúvidas de lado, a menina fez tudo como a velha a instruíra. Quando a sopa estava pronta, as duas se sentaram e comeram uma esplêndida refeição. Foi a sopa mais maravilhosa que a menina jamais tinha experimentado. Quando a refeição terminou, a velha se voltou para a menina e disse: "Preciso sair por um pouco. Fique aqui e, quando eu voltar, vamos recuperar sua colher. Enquanto eu estiver fora, se um gato preto vier, você não deve alimentá-lo não importa o quanto ele mie. Bata nele com esta vassoura". A menina assentiu e a velha saiu.

Depois de um pouco, um gato preto entrou perambulando pela casa e começou a miar bem alto. A menina olhou para o gato e, no início, tentou ignorá-lo, mas logo pegou umas sobras do almoço e as deu ao gato. Quando a velha voltou, ela estava claramente muito feliz e disse à menina: "Você é tão generosa e prestativa, por que não fica comigo por uns tempos?".

Embora a oferta fosse tentadora, a menina respondeu: "Eu gostaria muito, mas preciso voltar para minha madrasta e meias-irmãs. A senhora poderia me dizer como posso recuperar a colher que perdi?".

"Quando você for para casa", começou a velha, "vai encontrar uma encruzilhada. Você vai ver uma pilha de ovos. Haverá alguns grandes, gritando para você: 'Pegue-me, pegue-me!' Entre os ovos haverá alguns bem pequenos, dizendo nada. Pegue um dos ovos pequenos e quebre-o quando chegar à encruzilhada seguinte."

A menina abraçou a velha, agradeceu sua hospitalidade e foi embora. Assim como descrevera a velha, quando a menina chegou à primeira encruzilhada, viu uma pilha de ovos. Sem se perturbar com os gritos incessantes dos ovos grandes: "Pegue-me, pegue-me!". A menina procurou o menor ovo que pôde encontrar. Quando chegou à encruzilhada seguinte, seguindo as instruções da velha, ela quebrou o ovo. Para sua surpresa, um magnífico baú de ouro apareceu e cresceu diante dela: dentro dele estavam centenas de colheres, facas e garfos feitos da mais fina prata. Quando voltou para casa com o tesouro, a madrasta e as meias-irmãs queriam morrer de ciúme. Insistiram para que ela revelasse como conseguira tal tesouro.

No dia seguinte, a madrasta enviou sua própria filha ao rio para lavar um pouco de prata. Quando a menina chegou ao rio, ela atirou uma colher nele. Sem muito esforço para recuperá-la, ela começou a chorar alto. De novo, havia uma velha tomando banho de sol sobre as rochas. A velha gritou para ela: "Qual é o problema, doçura?".

"Perdi uma das melhores colheres de prata da minha mãe. Ela nunca vai me perdoar e com certeza vai me dar uma surra", chorou a menina.

"Talvez eu possa ajudar você", respondeu a mulher. "Mas antes você poderia vir aqui coçar as minhas costas?"

A menina subiu as pedras para alcançar a velha e começou a coçar-lhe as costas. De repente ela berrou. "Qual é o problema?", perguntou a velha.

"Suas costas são repugnantes e estão arranhando minhas mãos e fazendo-as sangrar."

A velha curou as mãos da menina exalando um longo e lento suspiro sobre as mãos dela. Em seguida, a velha lhe disse: "Antes que eu a ajude a recuperar sua colher, por favor venha para a minha casa para uma refeição".

A menina concordou e as duas foram para a casa da velha. Ela pegou uma panela enorme e passou-a para a menina dizendo: "Vamos fazer uma sopa superapetitosa. Encha a panela com água, coloque este único feijão na água junto com este osso e um grão de arroz e teremos um banquete".

"A senhora deve estar brincando. Isso fará uma sopa infame", disse a menina.

"Cuidado com a língua e faça o que eu pedi", respondeu a velha.

Logo depois, um ensopado delicioso, cheio até as bordas com arroz e feijão, estava pronto e as duas fizeram a refeição em silêncio. Quando a refeição terminou, a velha se voltou para a menina e disse: "Preciso sair um pouco: fique aqui e, quando eu voltar, vamos recuperar sua colher. Enquanto eu estiver fora, se um gato preto aparecer, você não deve alimentá-lo, não importa o quanto ele mie. Bata nele com esta vassoura". A menina assentiu e a velha saiu.

Depois de um pouco, um gato preto entrou e perambulou pela casa, começando a miar muito alto. Imediatamente a menina pegou a vassoura e começou a bater no gato de maneira estúpida, até que quebrou uma das pernas dele. O gato conseguiu sair coxeando. Mais tarde, a velha voltou para casa apoiando-se numa bengala porque uma de suas pernas estava quebrada. Ela instruiu a garota a deixar sua casa.

A menina lembrou à velha que ela não poderia ir para casa sem a colher de prata. "Quando você for para casa", começou a velha, "vai encontrar uma encruzilhada. Você vai ver uma pilha de ovos. Haverá alguns grandes, gritando para você: 'Pegue-me, pegue-me!' Entre os ovos haverá alguns bem pequenos, dizendo nada. Pegue um dos ovos pequenos e quebre-o quando chegar à encruzilhada seguinte."

Sem uma palavra de agradecimento, a menina correu para fora da casa. Quando chegou à primeira encruzilhada, viu uma pilha de ovos. Todos os grandes gritavam: "Pegue-me, pegue-me!"

"Não sou boba", pensou ela de si para si. "Vou ouvir o que aqueles ovos estão me dizendo." Pegou um dos ovos maiores e o quebrou exatamente ali onde estava. Na mesma hora uma horda de dragões, demônios e capetas apareceram e comeram a menina.

Questões para reflexão

Antes de continuar lendo, reserve alguns momentos para pensar sobre as seguintes questões:

1. Como as duas meninas reagiram às instruções da velha?
2. O que orientou as ações de cada menina na história?

Análise

Essa maravilhosa história é uma das minhas favoritas. Superficialmente, pode parecer que a história é mais sobre confiança e obedecer instruções do que a respeito de audição ativa. Entretanto, esses são aspectos essenciais da audição ativa. A primeira menina confiou em sua própria decisão quando seguiu as instruções da velha. A audição dela envolveu reflexão. Ela não foi inteiramente obediente, cada instrução que recebeu foi processada individualmente. A menina ouviu tanto a si própria quanto à mulher. A segunda menina, por outro lado, estava cega de cobiça. O diálogo interno dela foi dominado pela preocupação em adquirir o tesouro descoberto pela primeira menina. Ela foi incapaz de ouvir ativamente.

As histórias nos ajudam a negociar diferenças

A comunicação é a base da administração. Não há comunicação sem audição ativa. As histórias são maravilhosos veículos para aumentar nossa capacidade de ouvir ativamente. Como evidenciado pela série de *vignettes* anteriores, a audição ativa se apresenta de muitas formas diferentes. A audição ativa está na essência de nosso trabalho com histórias. Com a audição ativa torna-se possível negociar nossas diferenças porque estamos preparados para ouvir profundamente uns aos outros e para aprender a partir de nossas diferentes perspectivas.

Os conflitos nas organizações são resultado de pontos de vista antagônicos. Claro que as pessoas têm diferentes pontos de vista, mas considere algumas das dicotomias que existem naturalmente nas organizações. Por exemplo, em geral há competição entre vendas e *marketing*, desenvolvimento de produtos e *marketing*, ou tensões entre a mão de obra e os gestores. Cada área funcional tem sua própria perspectiva organizacional e sua própria área a proteger. Com frequência os interesses da direção não estão sincronizados com os desejos e as necessidades dos trabalhadores. O desafio dos administradores é considerar cada uma dessas perspectivas, enquanto negociam as diferenças entre elas.

Ao negociar diferenças, ou em um conflito ou no processo de tomada de decisão, é essencial ouvir, apreciar, compreender e tomar consciência de todas as perspectivas. As histórias são uma maneira rápida de ganhar *insights* importantes. Estamos inclinados a explicar racionalmente e justificar nossas perspectivas. Entretanto, atrás das perspectivas há sempre experiências, valores e crenças. As histórias esclarecem essas experiências, valores e crenças e podem revelar grande quantidade de motivações difíceis de identificar, tais como receios e interesses pessoais. As histórias vão ao âmago da questão e nos ajudam a imaginar outros pontos de vista.

O que é inerentemente difícil sobre negociar diferenças é que, quando se encaram dois fortes pontos de vista, opiniões ou ideias, há sempre alguma coisa válida em cada um deles. Isso pode causar paralisia. Se cada ponto de vista contém algo válido, como chegar a uma conclusão justa? Pense em como funciona um processo judicial. Cada lado apresenta sua história. Um júri precisa trabalhar através de cada lado da história. No final, o júri sintetiza toda a informação e formula sua própria história para tomar uma decisão.

Usar histórias como maneira de negociar diferenças ou chegar ao fundo da causa de um problema funciona porque, ao contrário do raciocínio, as histórias não são lineares. Embora a sequência de eventos, em uma história, siga uma ordem lógica, os temas e as mensagens que ela contém permitem que nossas mentes considerem paradoxos. Por meio das histórias podemos, simultaneamente, reter pontos de vista múltiplos e conflitantes como sendo verdadeiros e considerá-los todos, sem que um negue o outro. Isso leva a uma experiência muito enriquecedora, porque nossas mentes devem se abrir para um inteiro mundo de nuances.

Quando ouvimos as histórias ativamente, somos convidados a entrar em uma nova estrutura de referência. A história nos fornece o material para trabalhar, emocional e logicamente, com novas informações. Colocar dois ou mais pontos de vista lado a lado nos dá a oportunidade de imaginar um inteiro novo conjunto de possibilidades antes escondidas. As histórias fornecem um caixote de areia seguro, e com frequência despersonalizado, para trabalhar nossas diferenças. Os árbitros são excelentes para ajudar as pessoas a considerarem pontos de vista conflitantes. Há uma correlação direta entre o sucesso de um resultado de arbitragem mutuamente satisfatório e o grau em que as pessoas compartilham e ouvem as histórias umas das outras. Como os árbitros, os administradores podem aumentar sua eficácia ao negociar diferenças, reservando tempo e um espaço seguro para que as pessoas contem suas histórias. Os administradores precisam usar as experiências das pessoas, compartilhadas na forma de histórias, para envolvê-las em conversas cheias de intercâmbios enriquecedores. As histórias se tornam teatros participativos, em que ideias conflitantes, desejos e necessidades de competição podem ser representados.

Vignette nº 9:
Joe versus Jane

Joe Funcionário e Jane Gerente estão tendo problemas. Joe está furioso com Jane porque ela não lhe fornece a verba necessária para contratar um consultor independente que o ajude com um projeto. Inicialmente, ela lhe prometera todos os recursos de que ele precisaria. O projeto era de alta prioridade. Jane selecionara Joe para chefiá-lo porque ele já provara ter a capacidade de obter resultados. A moça também reconhecera que seria necessário auxílio externo à empresa para completar o projeto. Joe iniciou o projeto de boa-fé, compreendendo que teria condições de contratar consultores. Quando a situação mudou de repente e Joe não pôde contratá-los, levou a coisa para o lado pessoal. Acredita

> que Jane está lhe arrumando a cama para fracassar. Joe começa a criticar Jane sempre que pode e deixa outros projetos escaparem por entre os dedos.
>
> Devido à nova administração, em meados do ano o orçamento de Jane foi cortado em mais de 30%. A administração parece ter novas prioridades, mas não foi clara, como Jane, sobre qual seria a direção a tomar. Jane está sendo muito pressionada e se sente insegura. Faz o que pode para ultrapassar o caos. Está frustrada porque Joe, um de seus melhores funcionários, e dos mais leais, está cada dia mais difícil. Zanga-se com ele em reuniões e começa a cortar outros recursos de que Joe precisa.

Questões para reflexão

Antes de continuar a ler, reserve alguns momentos para pensar sobre as seguintes questões:

1. Como cada pessoa contribuiu para a situação ficar fora de controle?
2. O que cada uma das pessoas poderia fazer de maneira diferente?
3. Que papel as histórias poderiam desempenhar na negociação de diferenças entre Joe e Jane?

Análise

Uma das principais causas de conflito é o rompimento da comunicação. A comunicação sempre é cortada quando uma pessoa não consegue ver o ponto de vista da outra. Compreender o ponto de vista de outra pessoa, muitas vezes, significa suspender o próprio. Não gostamos de abandonar nossa perspectiva: fazer isso pode desorientar muito. Assim, na verdade, entrar no conflito se torna o caminho de menor resistência. Não é preciso muita energia para começar um conflito.

Ainda assim, ironicamente, agarrar-se a sentimentos negativos gasta mais energia do que resolver o conflito. As percepções negativas podem também levar a comportamentos destrutivos futuros e as coisas podem sair de controle muito rapidamente.

Seu trabalho é ser um facilitador de histórias. Joe e Jane necessitavam contar suas histórias. Você precisa ajudar a desenvolver cada história e ajudar os dois a verem o ponto de vista do outro. A audição ativa vai desempenhar um papel importante. Joe precisava ver como ficou envolvido no projeto e não deu atenção a Jane e à situação dela. Ele teve de reconhecer como seu zelo pelo projeto afetou seu comportamento e atitude. Talvez Jane sempre tenha sido uma boa comunicadora, mas as pressões atuais tornaram a vida dela muito difícil. Ela também podia ter esperado por informações mais claras da administração. Jane vai precisar ver como Joe levou o projeto a sério e como ficou desiludido quando não pôde completá-lo. A despeito da falta de informação e do estilo conservador da administração da empresa, Jane precisou reconhecer o impacto de sua má comunicação sobre Joe.

Vignette nº 10: O dilema de Charlie

Os 30 anos de Charlie na empresa tinham de valer alguma coisa. Ele andou para a frente e para trás na sala de espera. Não estava interessado em se tornar uma outra estatística. A nova equipe de administração precisava ouvir o que ele tinha a dizer.

A porta do escritório se abriu e um dos colegas mais próximos de Charlie saiu, com a expressão profundamente descontente. Ele estava sacudindo a cabeça e mal notou Charlie em pé, fora do escritório. Charlie parou o colega, que conseguiu resmungar baixinho: "É perda de tempo, Charlie, esses guris simplesmente não entendem".

Uma voz de dentro do escritório chamou: "Entre, Charlie, sente-se".

Sentados atrás da escrivaninha estavam dois dos mais jovens e melhores novos administradores da empresa. Polly e Dan haviam se graduado na melhor escola de Administração do país. Haviam chegado com uma lista de credenciais, mas até onde dizia respeito a Charlie, eles não tinham o necessário conhecimento do negócio e de seu mercado para serem tomadores de decisão tão influentes na empresa. Polly e Dan haviam assumido cargos de nível sênior há dois meses e, desde então, mais de 20 pessoas tinham sido demitidas. Ironicamente, a empresa era lucrativa.

Charlie supervisionava uma equipe de 15 homens na fábrica. Nos últimos 5 anos sua equipe tivera os melhores desempenhos na empresa, batendo todos os recordes de produção. Charlie entrou no escritório e deixou-se cair na cadeira, na frente da escrivaninha.

"Obrigado por vir, Charlie", disse Dan. "Você e sua equipe têm uma folha de serviço impressionante. Tenho certeza de que não será surpresa para você que a empresa deve reduzir as despesas de produção excessiva para maximizar as margens de lucro e ficar alinhada com as expectativas dos analistas. Por consequência, a equipe executiva nos pediu para encontrar oportunidades de corte de custos. A produção de sua equipe está criando supercapacidade, o que está reduzindo o lucro da empresa. Nossa análise indica que uma equipe de dez seria mais do que adequada para atender nosso plano de produção. Demos uma olhada preliminar no desempenho dos membros do seu grupo e chegamos a algumas recomendações sobre quem nós achamos que você deve despedir. Claro, é sua equipe, e você tem liberdade de otimizar o tamanho dela como achar melhor, mas pode ser que você ache que este relatório é útil. Vamos precisar de sua decisão final sobre quem vamos demitir até a próxima sexta-feira. Polly está trabalhando com Recursos Humanos para montar alguns pacotes atraentes. Vamos lhe mandar os detalhes na segunda. Lamentamos as más notícias. Você é um grande ativo de nossa empresa e, em nome da equipe executiva, eu gostaria de lhe agradecer por ajudar a tornar nossa empresa um sucesso. Se você tiver qualquer dúvida, mande-me um *e-mail*."

Charlie estava aturdido e, por um momento, nem mesmo se mexeu na cadeira. Ele não sabia o que dizer. E, mesmo que soubesse, não estava tão certo de que Polly e Dan estariam interessados em ouvi-lo.

Questões para reflexão

Antes de continuar a leitura, reserve alguns momentos para pensar sobre as seguintes questões:

1. Mesmo sem ter todas as informações, como você sugeriria que Polly e Dan conduzissem a conversa com Charlie?
2. Como você sugeriria que Charlie respondesse?
3. Você pode imaginar algum outro resultado dessa reunião?

Análise

Já vimos ou ouvimos sobre esse tipo de reunião. É o tom didático que é completamente ineficaz. Não há histórias sendo intercambiadas. Algumas vezes a distância mais curta entre dois pontos de vista é uma rota tortuosa. À primeira vista, as histórias podem parecer indiretas, lentas ou mesmo complicadas, especialmente em uma situação delicada como essa retratada na *vignette*. Pode ser difícil imaginar como as histórias vão ajudar, mas veja o efeito da abordagem direta de Polly e Dan. Eles são polidos, profissionais, corteses, e até reconhecem as contribuições de Charlie. Então, o que está errado? Não há conversação genuína, não há vulnerabilidade e não há histórias. De modo geral, esse é um excelente exemplo de má comunicação e administração abominável.

Pondo de lado os detalhes desconhecidos da situação, imaginemos como Polly, Dan e Charlie poderiam usar histórias para negociar diferenças. Primeiro, a colocação física da sala deveria ser mudada. As pessoas se encarando sobre uma escrivaninha não é um arranjo que conduza à abertura necessária às histórias. Segundo, Polly e Dan poderiam começar a reunião fazendo algumas perguntas. Charlie provavelmente tem algumas ideias preconcebidas sobre a natureza da reunião. Eles deveriam dar a ele uma chance de discutir o que ouvira. Quaisquer impressões que Charlie tenha sobre as razões para a reunião e a situação presente da empresa são parte do âmago de uma história que vai influenciar suas futuras percepções e impactar seu comportamento. Polly e Dan deveriam extrair esses fragmentos de informação para compreender de onde Charlie vem. Algumas das histórias que ele ouviu serão válidas; outras, não. Polly e Dan poderiam navegar essas nuances depois de obterem mais informações.

Depois, Polly e Dan deveriam compartilhar uma ou duas de suas próprias historinhas, que serviriam a dois propósitos. Primeiro, se as histórias fossem contatas com autenticidade, elas começariam a criar um ambiente de confiança, funcionariam como um convite. Quando a confiança está estabelecida, a resposta apropriada a uma história é contar uma outra. Polly e Dan poderiam extrair as experiências de Charlie sob forma de histórias. Segundo, as histórias podem transmitir detalhes e pontos de vista importantes de que Charlie poderia não ter consciência. É muito provável que Charlie não tenha observado a situação do ponto de vista de Polly e Dan e é ainda mais provável que não tenha considerado o ponto de vista da empresa.

A situação pode não ser grande coisa, mas, pelo menos, as pessoas se sentem ouvidas e compreendidas. É importante dar-se conta de que usar histórias para negociar diferenças não significa que todo mundo vai ficar satisfeito. No caso dessa *vignette*, Polly, Dan e Charlie podem não ter qualquer controle sobre a estratégia ou procedimentos da empresa. Por outro lado, administrar comunicações complexas com histórias pode dar alguns resultados surpreendentes. As histórias produzem um novo e fértil terreno para soluções e opções avançadas.

Resumo

A audição ativa está no âmago do que torna contar histórias uma poderosa ferramenta para os administradores. Através da audição ativa, os administradores podem chegar rapidamente à essência da situação, descobrir a causa dos problemas e avaliar honestamente seus preconceitos. Os líderes eficazes sabem como entrar em novas estruturas de referência para ver as coisas da perspectiva das outras pessoas. As histórias também permitem que eles tenham pontos de vista diferentes e negociarem as diferenças sem renunciar aos seus próprios.

4 Estudo de caso: Sodexho

No capítulo precedente exploramos duas funções essenciais das histórias na comunicação: as histórias requerem audição ativa e ajudam a negociar diferenças. Este capítulo fornecerá um exemplo de como essas duas funções podem ser aplicadas ao nível organizacional.

Algumas organizações estão se tornando mais conscientes e decididas na maneira como usam histórias. A organização em que estive trabalhando foi além das aplicações óbvias da comunicação e descobriu modos de tornar as histórias uma parte central das novas práticas administrativas. As histórias são proeminentes em discussões sobre como transformar as culturas das organizações. Essas empresas começam por ouvir as histórias de seus funcionários e clientes e, no processo, percebem um modo inteiramente novo de pensar a respeito delas próprias.

Um dos aspectos mais gratificantes do meu trabalho com organizações é ajudá-las a encontrar a sua mágica. A labuta diária que envolve os papéis e responsabilidades dos funcionários tende a corroer a apreciação deles do que torna a organização especial. O simples ato de reservar tempo às pessoas para compartilhar suas histórias organizacionais e encorajá-las a escutar ativamente rende tremendos resultados no nível de dedicação e entusiasmo dos funcionários. À medida que as histórias são contadas, uma tapeçaria inteira de importantes casos emerge. Elas definem as forças da empresa e se tornam um farol muito importante de propósito e boa vontade. Há benefícios adicionais de aprendizado informal. À medida que as histórias se espalham pela organização, elas produzem novas redes de aprendizado e intercâmbio de informações que, de outra forma, permaneceriam dormentes ou não seriam descobertas.

Uma boa maneira de dar ímpeto ao processo é pedir aos funcionários que compartilhem as histórias dos clientes. A Starbucks Coffee começa quase todas as reuniões internas com uma história de cliente – tão simples e, ainda assim, tão poderosa. Uma vez que o clima de compartilhar histórias exista e as pessoas estejam ouvindo umas às outras ativamente, torna-se mais simples negociar diferenças e alavancar a diversidade de pontos de vista, talentos e forças organizacionais para o sucesso futuro. A seguir, um estudo de caso que discute como a Sodexho começou a introduzir histórias em suas práticas gerenciais.

Sodexho e histórias

A seção seguinte foi escrita por Angelo Ioffreda, vice-presidente das comunicações internas da Sodexho.

Background

A Sodexho é a empresa líder em fornecimento de alimentos e gerenciamento de instalações dos Estados Unidos e oferece soluções terceirizadas inovadoras em serviço de alimentação, economia doméstica, manutenção do ambiente circundante, gerenciamento dos ativos e serviços de lavanderia para mais de seis mil corporações, de assistência à saúde, centros de aposentados e clínicas de repouso, escolas, *campi* universitários a locais remotos ou militares nos Estados Unidos.

A empresa está integrando a narração de histórias em seu local de trabalho, tendo em mente muitos objetivos: 1) obter *feedback* dos funcionários e *insight* na cultura da empresa; 2) afiar nossa marca e a proposição do valor do funcionário, e 3) compartilhar as experiências positivas de trabalhar na Sodexho para erguer o moral e instilar orgulho pela empresa.

Como parte das estratégias de administração e comunicação envolvendo histórias, a Sodexho lançou um concurso de ensaios em julho de 2004. Foi enviado um folheto por *e-mail*, em inglês e espanhol, a todos os nossos administradores. O tema do concurso era "Do que eu gosto mais em meu trabalho na Sodexho". As histórias eram aceitas em inglês, espanhol e francês e publicamos o perfil dos vencedores na revista da empresa, *Solutions*.

O processo de seleção

A Sodexho selecionou as melhores histórias escolhendo aquelas que melhor expressavam a essência e a experiência individual de trabalhar para a Sodexho. Recebemos 74 ensaios. Deles, selecionamos cinco ganhadores: cada um recebeu um certificado de US$ 100,00. O perfil de quatro desses vencedores foi publicado no número de *Solutions* de janeiro de 2005. Além disso, cinco pessoas receberam menções honrosas e um certificado de US$ 50,00. Os dez melhores ensaios foram enviados, com uma mensagem por *e-mail*, para todos os gerentes, e todos foram postados no *site intranet* da empresa.

Concurso "Conte-nos sua história" da Sodexho

Temos o prazer de anunciar o concurso "**Conte-nos sua história**", **aberto a todos os funcionários da Sodexho** nos Estados Unidos e no Canadá.

Para participar:

Os funcionários devem enviar uma história de não mais de 250 palavras até as 17h de Nova York, em 16 de agosto, sobre o assunto "**Do que eu gosto mais em meu trabalho na Sodexho**". As histórias serão aceitas em inglês, espanhol e francês.

Os participantes devem incluir:

- Nome;
- Cargo;
- Nome da unidade;
- Linha de negócio ou departamento;
- Endereço;
- Número de telefone;
- Endereço de e-mail.

Selecionando os vencedores

Serão escolhidas as cinco excelentes histórias **que melhor expressarem a essência e a experiência individual de trabalhar para a Sodexho**. Cada ganhador receberá um certificado de US$ 100,00 da American Express. As histórias vencedoras serão postadas na SodexhoNet. Anunciaremos os escolhidos em 3 de setembro.

Enviando sua história:

As histórias podem ser enviadas por meio de um dos seguintes métodos, **até as 17h do dia 16 de agosto**.

Por favor, distribua às suas equipes!

E-mail:

SodexhoEssayContest@sodexhousa.com

Fax: 1.301.987.4438

Correio:

Concurso "Conte-nos sua história" da Sodexho a/c Comunicações Corporativas 9801 Washington Boulevard, Conjunto 1218 – Gaithersburg, MD 20878

Se você tiver qualquer dúvida sobre este concurso, por favor, telefone para 1.301.987.4320

Enviando sua história você garante que o que você manda não será confidencial e também garante à Sodexho o direito de usar, copiar, modificar, editar, publicar, transmitir e exibir seu ensaio através de qualquer mídia e que a Sodexho ficará livre para usar seu nome e outras informações que o identificam, a menos que você especificamente peça por escrito que não o façamos.

Otimizando o uso das histórias

As histórias eram admiráveis e forneceram grande *insight* da Sodexho. Nosso objetivo era submeter essas histórias a uma grande publicidade para otimizar seu uso. O acompanhamento da empresa incluía:

- Enviar por *e-mail* as histórias vencedoras a todos os administradores.
- Postar todos os ensaios em nossa *intranet* e comunicar isso a todos.
- Preparar um relatório resumido dos principais temas dessas histórias e enviá-lo à equipe executiva, ao departamento de recursos humanos e aos comunicadores da empresa. Entre as descobertas do relatório:
    » Nossa missão e valores repercutem com os funcionários.
    » Os funcionários têm orgulho de nossa empresa e de algumas de suas iniciativas específicas.
    » A oportunidade que a Sodexho fornece para o progresso pessoal e profissional dos funcionários é muito importante.
    » As pessoas fazem toda a diferença. Muitas histórias relatavam a compreensão, cuidado e apoio de gerentes, colegas e pares, especialmente em situações difíceis como doenças pessoais ou na família.
    » Os funcionários sentiam que a empresa cuidava deles e os tratava bem.
- Preparar uma apresentação que foi exibida na nossa conferência gerencial anual, que destacava excertos de vários ensaios.
- Escrever um artigo para publicação na revista da empresa.

Impacto

Recebemos *feedback* positivo sobre os ensaios e aguardaremos com prazer por *feedback* adicional depois que as histórias forem publicadas. Segundo uma pesquisa sobre comunicações internas, 95% dos funcionários relataram alto moral e orgulho da empresa e do seu trabalho. O impacto da experiência de contar histórias, embora significativo quando os ensaios eram compartilhados, foi limitado. Entretanto, o caminho estava preparado para contar histórias (e concursos para obter *input*) como parte da maneira como a Sodexho faz negócios.

Aqui estão alguns dos comentários daqueles que leram os ensaios:

> *Acabo de ler os ensaios vencedores. Todos inspiravam e alguns eram emocionantes. Espero que vocês façam o concurso novamente, como um evento anual. Tenham um excelente fim de semana.*
> **(Gerente da Sodexho)**

> *Uau! Obrigado por compartilhar esses notáveis ensaios.*
> **(Gerente de Recursos Humanos)**

> *Esses ensaios são poderosos e maravilhosamente apresentados!*
> **(Escritor técnico)**

Exemplos de histórias do Concurso de Ensaios

Lisa K. Hart

Coordenadora de vendas, Serviços do *campus*

Altamonte Springs, Flórida

> A Sodexho é uma empresa maravilhosa para se trabalhar e me ajudou a atravessar uma época muito difícil na vida. Em janeiro de 2003, fui diagnosticada com câncer no estágio três. Abordei minha supervisora na Sodexho em estado de grande instabilidade emocional, e ela me deu suporte e foi firme. Ajudou-me a lidar com minha crise pessoal de maneira profissional e bondosa enquanto, ao mesmo tempo, certificou-se de que a companhia não sofreria com isso.

Passei, por mais de um ano, por tratamentos extensivos, durante os quais tive de sair de licença. Em toda a minha ausência, a Sodexho estava lá para me ajudar – mantendo contato, enviando flores quando eu estava hospitalizada, mandando cartões dizendo "Melhore logo!" pelo correio, enviando mensagens por *e-mail* e até preparando refeições individuais nutritivas e deliciosas e trazendo-as para a minha casa! Nunca tive de me preocupar com o seguro-saúde ou os benefícios de incapacidade porque, sendo funcionária da Sodexho, tive o que precisava. Tudo isso foi uma bênção durante essa época difícil.

Em março deste ano disseram-me que eu estava curada e que poderia voltar a trabalhar. Novamente, a Sodexho me apoiou e trabalhou duro para acomodar um cronograma de trabalho reduzido, atribuindo-me novas tarefas e certificando-se de que eu poderia continuar a trabalhar enquanto também continuava a curar-me.

Estou muito melhor agora e, se Deus quiser, a caminho da recuperação. Sem o apoio da Sodexho, duvido que chegasse até aqui. Sou realmente grata por trabalhar em uma organização excepcional, cheia de gente que cuida também das pessoas, não só dos funcionários.

Jewel Henkes

Caixa, Matriz da United Airlines

Arlington Heights, Illinois

O que há para desaprovar sobre meu cargo de caixeira na Sodexho na matriz da United Airlines? Encontro e converso com pessoas de todo o mundo e minha mente certamente se expandiu com os comentários sobre meu próprio país, do ponto de vista da clientela que já experimentou a vida em outros lugares. E o que eu faria sem os outros funcionários da Sodexho com quem trabalho? Acho que trabalhamos bem juntos, divertindo-nos ao mesmo tempo, enquanto atendemos nossos clientes.

Parece que os funcionários gostam de me usar como meio de clarear suas mentes, livrar-se da pressão que suas funções exigem e a maior parte deles sabe até o meu nome. Algumas vezes a clientela é transferida e, quando eles voltam aqui alguns anos mais tarde, imediatamente reconhecemos um ao outro e há abraços por toda parte. Não consigo nem encontrar as palavras para descrever essas reuniões, mas esta é uma das razões pelas quais meu emprego na Sodexho é tão memorável. Estou empregada na Sodexho há mais de sete anos e já me diverti tanto que não o trocaria por nenhum outro. No próximo dia 13 de setembro completo 77 anos e estar empregada aqui tornou minha idade avançada gratificante.

Gostaria de trabalhar mais alguns anos na Sodexho porque gosto do trabalho, e gostaria de visitar outros países como a Austrália, o Japão e a Rússia. Dois anos atrás voei para a Alemanha e aprendi muita coisa.

Ramona Moton

Serviço de Alimentação, Universidade de Youngstown

Youngstown, Ohio

Meu nome é Ramona Moton. Sou uma alcoólatra em recuperação, avó, mãe e cristã renascida. Quando vim à Universidade de Youngstown (por conta da Sodexho) ainda estava vivendo numa casa de recuperação. Pensei que encontrar emprego seria impossível. Logo, logo fiquei sabendo que tudo é possível. Fui contratada para a faxina, que consistia em limpar o chão e esvaziar o lixo, o que não era suficiente para mim. Como trabalhei duro, com determinação e orgulho, notaram minha ética profissional. Logo fui promovida, com aumento de salário. Com excelente treinamento, aprendi a fazer todos os trabalhos na praça de alimentação. Agora trabalho na preparação da comida, o que, para mim, foi um dos cargos mais desafiadores que jamais experimentei.

A Sodexho me deu um novo modo de vida. Ensinou-me que, se você trabalhar duro, não há nada que não possa alcançar. Agora estou considerando frequentar algumas aulas, depois de 25 anos fora da escola. Todo mundo aqui dá 110% de si não importa o quanto o trabalho seja tedioso ou longo. Nunca encontrei tantos profissionais numa equipe trabalhando tanto. Aprendi que, para que as coisas corram bem, você tem de ter administradores justos, mas severos. Eles esperam o melhor, porque isso é o que eles oferecem.

Marmoud M. Na'amneh

Serviço de Alimentação, Universidade da Califórnia, Davis

Davis, Califórnia

Ainda me lembro do primeiro dia de trabalho na Sodexho como se fosse ontem, embora já tenham se passado cinco anos. Minha primeira tarefa era limpar o banheiro, coisa que eu nunca tinha feito antes, mas que mudaria minha vida para sempre. Relutante, aceitei a tarefa e terminei rapidamente. Podia ouvir o eco do meu profundo suspiro quando joguei minha autoestima na descarga. Fui para casa e corri para o chuveiro imediatamente, para purificar meu corpo e minha alma.

Mas, espere, eu não desisti, não sou desse tipo. Voltei ao trabalho, determinado a me sobressair e realizar-me. Livrei-me da "cultura da vergonha" que carregava comigo quando cheguei aos Estados Unidos, há cinco anos. Eu cresci na Jordânia, onde os homens não devem limpar banheiros ou lavar pratos. Senti que tinha renascido, e a Sodexho foi a parteira que orquestrou esse nascimento. Limpar o banheiro foi um rito de passagem para meu ego renovado e para a minha alma.

Continuei a trabalhar como lavador de pratos na Sodexho e como assistente de ensino no departamento de Antropologia da Universidade Davis. Que excelente combinação! Acredite, criei uma ótima síntese entre eles e adorava igualmente os dois empregos. Fui, então, promovido para o Serviço de Alimentação, meu cargo atual. Algumas vezes sirvo meus estudantes e sempre me orgulho de fazê-lo.

A Sodexho não é só um lugar para trabalhar. É, de fato, uma pequena família que funciona como agente de socialização. O eterno legado da Sodexho na minha vida será a determinação, a ética, o trabalho de equipe e a crença em mim mesmo.

Resumo

Durante uma entrevista de acompanhamento, Lyn Adame, diretora de Comunicações da Divisão de Cuidados com a Saúde, compartilhou comigo algumas informações interessantes sobre o papel emergente das histórias na cultura da Sodexho. Ela me contou como sua revista trimestral, *Team Connections*, tornou-se um local para colecionar histórias de sucesso e compartilhar as melhores práticas. Entretanto, dado o desafio de comunicação para atingir tantos funcionários e a natureza pouco frequente da publicação, ela se deu conta de que aquilo não era suficiente. Por isso, tomou uma iniciativa que chamou *Sorriso Sodexho*. Apoiando o novo esforço da divisão de colocar as necessidades dos clientes em primeiro lugar e no âmago do trabalho de todos, essa iniciativa encoraja os funcionários a compartilharem suas histórias de "fazendo a diferença" e "histórias de que me orgulho", informalmente, para cima e para baixo na organização, o tempo todo. Os funcionários não veem a hora de compartilhar, diariamente, suas histórias sobre como eles fizeram a diferença. Por exemplo, havia a história de uma criança, paciente de longo prazo, que, no último minuto, decidiu que queria ir a uma festa do Dia das Bruxas vestido de *chef*. A despeito de estar atolada com as responsabilidades normais de seu trabalho, uma funcionária da Sodexho parou o que estava fazendo para preparar a fantasia do paciente.

Lyn o descreve da seguinte maneira: "Queremos que nossos funcionários sintam conectividade emocional com as pessoas que atendem. Trata-se de ter a emoção certa no momento certo e equilibrar isso com a necessidade de completar todas as tarefas absorventes que fazem parte de suas responsabilidades essenciais no trabalho. Estamos apoiando a missão central da Sodexho, ficando sintonizados com as necessidades de nossos clientes".

Lyn e Angelo não estão sozinhos, na Sodexho, na crença de que a prática de compartilhamento diário de histórias e a "conectividade emocional" podem mudar a cultura administrativa de uma organização de maneira positiva. O sentido que as pessoas têm da missão da organização será vitalizado pelo intercâmbio de experiências existentes, compartilhadas como narrativas, por toda a organização. A visão da organização inclui ajudar seus funcionários a encontrar novas maneiras de atender os clientes e falar a respeito destas. As atividades, aparentemente alheias e superficiais, que frequentemente passam despercebidas em toda a organização, começam a mover-se pelo tecido social e criam resultados de longo prazo. A coisa mais incrível sobre esses resultados é que eles são autossustentados e autoperpetuados em virtude de sua natureza descentralizada e pelo meio com que são compartilhados: histórias.

Como aprendemos no último capítulo, as histórias requerem audição ativa e, quando ouvimos ativamente uns aos outros e a nós mesmos, começamos a nos conectar em um nível mais fundamental e mais profundo. Assim, a conectividade emocional pode ser naturalmente inculcada na cultura de uma organização estimulando as pessoas a compartilharem suas histórias e ouvindo ativamente umas às outras. A Sodexho e muitas outras organizações estão aplicando essa estratégia, conseguindo negócios surpreendentes e resultados interpessoais.

5 Liderando através de histórias

Os relacionamentos são a parte mais importante do trabalho de qualquer líder. As comunicações, as afinidades e o que Daniel Goleman intitulou de *inteligência emocional* são competências essenciais que os líderes empresariais precisam desenvolver. Em todas as áreas da vida, manter relacionamentos saudáveis é o trabalho mais difícil que fazemos. Muita gente tem o mau hábito de assumir que os relacionamentos cuidam deles próprios. Tendemos a pensar nos relacionamentos como máquinas míticas, em perpétuo movimento, que não requerem energia para se manterem trabalhando. Por sua simples natureza, os relacionamentos estão fadados a fracassar, a menos que os participantes estejam completamente envolvidos com eles e os trabalhem constantemente. Sempre fico surpreso quando encontro líderes que encaram seus relacionamentos como um fardo. É perigoso ficar muito enfocado no que precisa ser feito e esquecer de nutrir os relacionamentos em torno de nós. Todos os outros talentos dos líderes são reduzidos a uma fração de seu potencial quando os relacionamentos são empurrados para a linha lateral do campo.

Este capítulo examinará duas outras funções das histórias, que são centrais para os relacionamentos: elas ajudam as pessoas a ligarem-se umas às outras e promovem cura. Embora os líderes devam focar suas energias no uso de histórias para curar e de outras maneiras positivas, vamos também examinar como as histórias podem ser usadas como armas.

As histórias ajudam as pessoas a ligarem-se umas às outras

As histórias permitem que as pessoas se liguem umas às outras. Em primeiro lugar, vamos definir ligar e ligação. Olhe cuidadosamente para este livro. Como as páginas se mantêm unidas? O que faz com que as folhas adiram umas às outras e permaneçam unidas à lombada? Há alguma cola unindo todas as partes?

As histórias fornecem o mesmo tipo de cola entre as pessoas. Em outras palavras, as histórias mostram como nossas experiências, memórias, esperanças, receios e desejos correspondem aos de outras pessoas. Conseguirei entender e me comunicar efetivamente com você apenas quando conseguir relacionar minhas histórias às suas. Precisamos aprender a tratar cada pessoa como um baú do tesouro esperando para ser aberto, de modo que as histórias possam enriquecer nossas experiências e permitir que construamos relacionamentos fortes.

Em quase qualquer situação, a distância mais curta entre duas pessoas é uma história. Profissionais de vendas descobrem, logo no início de suas carreiras, a importância de descobrir ligações comuns entre eles próprios e clientes potenciais. Como seres humanos, vicejamos nessas conexões. Ninguém gosta de se sentir isolado. As histórias funcionam como pontes entre nossas experiências. Através das histórias, as pessoas encontram um terreno comum. Como elas exigem audição ativa, as pessoas podem compartilhar experiências profundas que, de outra maneira, seria impossível compartilhar através do diálogo normal. As histórias podem enfatizar matizes de significado e sentimentos muitas vezes escondidos ou expressos inadequadamente em formas didáticas de comunicação. Quando uma pessoa conta uma história, o ouvinte encontra uma correspondência semelhante em sua própria experiência.

Os líderes devem se dar conta de que uma parte essencial de sua função é iniciar conexões entre eles próprios e os outros e entre aqueles dentro e fora da organização. Christopher Locke e seus colegas, em seu pioneiro trabalho *The Cluetrain Manifesto: The End of Business as Usual* [O manifesto Cluetrain: o final da manutenção das tendências atuais] demonstra que as fronteiras em torno das organizações, que separam o que está dentro do que está fora, são muito porosas.

A única maneira de se comunicar com eficácia e confiança, dentro e fora da empresa e com todos os elaborados nódulos de comunicação interconectados, é através das histórias.

As histórias facilitam o desenvolvimento das ligações entre as pessoas, maximizando canais informais de comunicação. Como as pessoas se relacionam umas com as outras em padrões sobrepostos e entrecruzados, os líderes podem influenciar esses relacionamentos para movimentar informações, administrar mudanças, promover mais compreensão, encorajar as pessoas a se apropriarem do sucesso da organização e catalisar ação. Para os líderes enfocados estrategicamente sobre a natureza crítica dos relacionamentos, a capacidade das histórias de ajudar as pessoas a ligarem-se é uma das maiores ferramentas que eles têm à disposição.

A maior parte dos líderes deveria gastar mais tempo comunicando-se informalmente, para aumentar as ocorrências de vínculos. Durante esses intercâmbios informais, os líderes devem estar atentos às histórias que contam. A razão principal para contar histórias deve ser extraí-las dos outros. Criar ligações entre histórias, dentro e fora da organização, é essencial para formar bons relacionamentos.

Vignette nº 11: Preso em um avião

Mitsu olhou para o relógio pela enésima vez e suspirou. Eram 18h32 da tarde. "Viajar tinha se tornado tamanho aborrecimento", pensou ela. Mitsu estivera tentando ir de Nova York para Boston desde as 8h. Estivera presa em sua poltrona por quatro horas, esperando que o avião decolasse.

Duas cadeiras afastada dela, Arlene estava achando cada vez mais difícil ficar sentada quieta. Só conseguia pensar sobre o recital de violino de Robert. Em menos de 1h30 seu filho estaria na Escola Elementar Thatcher dando seu primeiro recital, e ela não estaria lá para ouvi-lo. Arlene foi inundada por uma sensação de culpa. Ela nunca imaginara que ser mãe e profissional seria tão difícil. Sentia-se atirada para tantas direções diferentes! Pior de tudo, ela se sentia completamente impotente. E, no momento, não havia nada a fazer, só esperar.

Em um ataque de frustração, Mitsu jogou o arquivo de trabalho no assento vazio que a separava de Arlene. Procurou por uma revista dentro da pasta. Pensou consigo que devia ter ficado em Nova York aquela noite para ver *Madame Butterfly* no Metropolitan Opera. Normalmente, ela não era de começar a conversar com estranhos em aviões, mas, de repente, Arlene se viu perguntando a Mitsu. "Você gosta de ópera?", perguntou.

Mitsu corou autoconsciente, mas respondeu com um sorriso caloroso: "Acho que sou viciada em música". As duas mulheres riram. "Na verdade, sendo filha de um maestro que rege sinfonias e óperas, vivi e respirei música a vida inteira."

"Então você deve ser música", disse Arlene.

Mitsu inclinou a cabeça ligeiramente para trás e fez uma pausa de um momento, antes de responder: "Estranhamente, não sou música. A música exerce um papel preeminente em minha vida, mas minha área é direito corporativo, é o que me paga as contas. Meus filhos riem de mim o tempo todo. Eles acham irônico que a mãe deles examine minuciosamente os pequenos detalhes dos contratos, procurando por escapatórias legais de dia, e se emocione com Puccini e Verdi à noite. Meus filhos sempre podem dizer que tipo de dia eu tive pela música que toco. Meu filho mais velho, Brian, que tem 16 anos e é muito bom pianista, comprou fones de ouvido para mim como presente de aniversário no ano passado, de modo que eu não o interrompa quando ele está fazendo a lição de casa".

Arlene rompeu o contato visual com Mitsu e olhou para o chão. "Vou perder o primeiro recital de violino do meu filho esta noite. Também sou advogada, mas estou achando difícil conciliar minha carreira com a vida particular." Arlene ergueu os olhos do chão e procurou o rosto de Mitsu, que era consideravelmente mais velho que o dela, e perguntou: "Como você conseguiu ser mãe e advogada ao mesmo tempo?".

Mitsu olhou de lado pensativamente e começou a responder a pergunta de Arlene.

"Bom..."

Questões para refletir

Antes de continuar a leitura, reserve alguns momentos para pensar sobre as seguintes questões:

1. Quais foram as maneiras pelas quais as histórias ajudaram a formar um vínculo entre Mitsu e Arlene?
2. Que papel desempenhariam as histórias no resto dessa *vignette* se ela continuasse?

Análise

Vimos duas viajantes colhidas na exasperante situação dos voos atrasados. Cada uma estava concentrada em seu próprio mundo. Mitsu tentará escapar da situação parando de trabalhar e fruindo de uma revista de ópera. Arlene, por outro lado, estava fixada na perda do primeiro recital de violino do filho. Quando os olhos de Arlene viram a capa da revista musical de Mitsu, ela se sentiu impelida a falar. Mitsu respondeu à pergunta de Arlene com um "sorriso caloroso" e um pouco de humor. O humor aliviou a tensão da situação de viagem e dispersou o embaraço entre duas estranhas que se comunicam pela primeira vez. Se Mitsu tivesse respondido friamente ou com maior pedantismo, a conversa talvez nunca fosse adiante.

Mitsu prosseguiu compartilhando algumas informações pessoais sobre ela mesma. Revela que o pai era maestro. Arlene estava intrigada: queria saber mais sobre Mitsu e investigou mais a fundo, fazendo uma outra pergunta. Mitsu reconheceu o interesse de Arlene e viu a pergunta dela como um convite para compartilhar mais a seu próprio respeito. Mitsu aproveitou a oportunidade e contou uma história a Arlene.

Em algumas sentenças, Mitsu pintou uma imagem vívida de sua vida como fã de música, advogada e mãe. Arlene ouviu com atenção. Ela viu semelhanças entre a vida de Mitsu e sua própria situação profissional e familiar. As duas mulheres se conectaram uma à outra. Confiando no terreno comum entre elas, Arlene compartilha com Mitsu suas dúvidas e receios sobre ser mãe e advogada. Faminta por mais histórias, Arlene pede a Mitsu que compartilhe suas experiências.

Isso não é uma ocorrência incomum. Estranhos em um avião que travam boas conversas, em geral, compartilham montes de histórias. A conversação baseada no intercâmbio de fatos entre estranhos raramente vai adiante. O primeiro exemplo de história nessa *vignette* é a capa da revista *Opera News*. Como Arlene está envolvida em seu diálogo interno sobre o recital do filho, a capa da revista de Mitsu oferece a Arlene uma maneira de externar seus sentimentos. Note a natureza rápida das histórias na *vignette*. Algumas delas estão apenas em uma sentença, mas, ainda assim, são ricas o bastante para estimular as imaginações de Arlene e Mitsu e alimentar seu vínculo.

Vignette nº 12: O mergulhador Leonard

Leonard franziu a testa enquanto prendia o crachá com seu nome à jaqueta. Por que seu chefe insistia que todos estivessem presentes àquelas seções de treinamento? Elas eram sempre as mesmas, e raramente Leonard tinha grande coisa a aproveitar dali. Quando encontrou uma cadeira no fundo da sala, tudo que podia pensar era a pilha de trabalho sobre sua escrivaninha. Esperou que seu mau humor desestimulasse qualquer pessoa a sentar-se perto dele.

Uma das coisas que Leonard mais temia nesses treinamentos eram as autoapresentações rápidas. Os instrutores deveriam se dar conta de que todo mundo já conhecia todos os que precisavam conhecer. Leonard pensava que as apresentações eram tempo absolutamente perdido. Começou a sonhar acordado com suas últimas férias mergulhando em Belize para repelir o tédio, enquanto o resto dos participantes se instalava na sala.

Um minuto antes da hora da seção começar, Kevin entrou na sala correndo, com o celular tocando alto. Ele sentiu alguns dos olhares gelados dos participantes. Respondeu à chamada e ocupou o último assento disponível – junto a Leonard. "Julie, obrigado por me chamar de volta. Vou ter de chamar você mais tarde. Estou em um *workshop* sobre Análise da Causa Raiz que está começando agora. Não me pergunte o que é Análise da Causa Raiz. Não tenho ideia. Digo pra você quando chegar à raiz da coisa." Kevin riu, satisfeito com sua piada, enquanto fechava o celular. Olhou para Leonard, que claramente não se havia divertido com o humor de Kevin.

O instrutor projetou o primeiro *slide* na tela e se dirigiu ao grupo: "Boa tarde, minha gente. Já prenderam os cintos de segurança? Vamos viajar pela Avenida Problema. Mantenham os olhos na estrada. Estamos procurando sinais que apontem na direção de como e por que os projetos fracassam. Antes que cheguemos ao âmago do curso, eu gostaria de conhecer um pouco melhor cada um de vocês. Vou pedir que cada um entreviste a pessoa ao lado. Você será responsável por apresentar essa pessoa ao grupo. O que eu quero que vocês descubram é:

1. Qual é o nome da pessoa?
2. Que papel desempenha na organização?
3. Em que projeto está trabalhando atualmente?
4. Como ela mensura o sucesso de um projeto?
5. O que é um fato engraçado a respeito dessa pessoa?

Vamos adiante, podem começar."

Kevin estendeu a mão para Leonard e disse: "Olá, meu nome é Kevin, você vem aqui com frequência?".

Dessa vez, Leonard sorriu. Apertou a mão de Kevin e disse: "Não se eu puder evitar. Meu nome é Leonard. Sou gerente de Desenvolvimento de Produto. Atualmente, estou supervisionando o lançamento de um novo *software* e sei que um projeto tem sucesso quando é terminado dentro de um mês da data de entrega planejada originalmente, e quando não tem mais do que 20% de erros. E você, Kevin? Que sinais você procura enquanto percorre a Avenida Problema?".

Kevin riu e disse: "Antes que eu comece um discurso filosófico sobre as práticas de dirigir com segurança na estrada dos projetos, acho que você se esqueceu de me dizer alguma coisa engraçada a respeito de si mesmo".

"Não tenho tempo para divertimentos, mas gostaria de estar em Belize, vivendo num barco e mergulhando o dia inteiro", disse Leonard.

"Quando você fez isso?", perguntou Kevin.

"Ah, no mês passado", respondeu Leonard. "Adoro mergulhar desde que tinha 15 anos. Minha mulher sabe como eu fico irritável quando estou longe da água por tempo demais. Ela e as crianças têm pavor dos meses de inverno. Eles me observam ansiosamente organizar minha bagagem de mergulho. Minha família até mesmo me apanhou cheirando minha roupa de mergulho de neoprene. Só o cheiro dela é suficiente para me trazer memórias de aventuras de mergulho. Aquelas lamentáveis incursões no meu equipamento de mergulho, juntamente com a minha rabugice, incitou-os a me presentear com férias de mergulho em Belize. Não sei bem se foi melhor para mim ou para eles."

"Isso é incrível", disse Kevin. "Eu comecei a mergulhar há sete anos, quando comecei a trabalhar aqui. Pena que não nos encontramos antes."

Questões para reflexão

Antes de continuar a ler, reserve alguns momentos para pensar sobre as seguintes questões:
1. O que fez Leonard desejar compartilhar essa história sobre mergulho?
2. Se Kevin não fosse mergulhador, quais seriam as outras maneiras com que poderia reagir à história de Leonard e começar a construir um relacionamento?

Análise

Leonard, de má vontade, participava de seção obrigatória de treinamento. Sua mente estava borboleteando. Ele estava enfocado no trabalho sobre sua mesa, temendo o momento em que deveria apresentar-se ao grupo, e sonhando acordado a respeito de mergulhar. Kevin entrou correndo na sala, no último minuto. Claramente, ele também não estava entusiasmado com o *workshop*. Durante sua conversa ao telefone, vimos Kevin usar o humor para tornar a situação mais suportável. Kevin observa que Leonard está mais aborrecido do que divertido por sua tentativa de humor.

Após alguns comentários de abertura, o instrutor pediu aos participantes que entrevistassem uns aos outros. Kevin imediatamente estendeu a mão para Leonard e fez outro comentário superficial. Dessa vez, Leonard conseguiu sorrir. Enquanto deu a mão a Kevin, prestativo, ele tagarelou dando respostas rápidas às questões introdutórias listadas pelo instrutor. Leonard igualou o tom sarcástico de Kevin em suas respostas. Kevin, dando-se conta de que ele e Leonard estavam, pelo menos aparentemente, conectando-se um ao outro, aceitou um risco convidando Leonard, com humor, a compartilhar um "divertimento".

No princípio pareceu que Leonard iria ignorar a alfinetada de Kevin, dizendo que trabalhava duro demais para ter qualquer divertimento. Entretanto, o impulso de conectar-se com Kevin e compartilhar sua paixão por mergulho anulou o sistema de defesa de Leonard. Em uma história curta, Leonard voltou a viver as exigências pessoais que ocasionaram sua viagem recente a Belize. Kevin ficou pasmo. Os dois, naquele momento, tinham mais do que um aborrecimento compartilhado ao comparecer a um *workshop* para ligação e vínculo.

Todos nós podemos nos relacionar, ao sonhar acordados durante um evento de treinamento ou uma reunião aborrecida. A imaginação de Leonard foi atraída de seu mundo escapista de mergulho. O humor de Kevin, seu tom e comportamento geral abriram um canal de confiança entre ele e Leonard. A resposta de Kevin, de interesse geral que, no caso, foi acentuado por seu próprio envolvimento em mergulho, criou uma oportunidade para que os dois começassem a compartilhar mais histórias e a continuar criando vínculos entre eles. Depois que uma janela de confiança foi aberta, o desafio era mantê-la aberta, investindo no relacionamento de maneira significativa. Se Leonard e Kevin simplesmente trocassem "histórias de guerra" e grandes narrativas de suas aventuras de mergulho, as histórias que contassem resultariam em pouco mais do que entretenimento, um vínculo superficial e gratificação mútua do ego. Se as histórias funcionarem como agentes vinculatórios, devem tornar-se mais e mais pessoais e devem sondar os sentimentos, atitudes e percepções do outro. Isso ocorre quando as histórias estão operando com seu completo potencial, e é o que os grandes líderes fazem quando estão focalizados na natureza estratégica e pessoal dos relacionamentos em suas organizações.

Vignette nº 13: Clarence e Amy

Por algum tempo, Clarence sabia que tinha de fazer alguma coisa a respeito de sua vida amorosa. Seu trabalho como contratante independente o mantinha na estrada por muito tempo, por isso era quase impossível, para ele, encontrar alguém. E, como situações desesperadas exigem medidas desesperadas, Clarence abriu uma conta no serviço telefônico de encontros Arranje um Encontro. Houve um tempo em que ele ria de seus amigos que se interessavam por encontros via internet e anúncios pessoais.

Em um esforço para peneirar respostas indesejadas, no início de sua mensagem de voz, Clarence leu um poema que havia escrito. Pensou que essa estratégia era bem inteligente. Arranje um Encontro cobra três dólares por minuto de quem chama para ouvir mensagens. Qualquer pessoa querendo ouvir seu poema por três minutos e que não fugisse antes que Clarence divulgasse algumas informações pessoais devia, pelo menos, ser interessante num encontro, raciocinou Clarence.

Amy chegaria a qualquer momento. Ele perguntou a si mesmo se eles teriam algo em comum. Clarence enfiou as mãos no bolso, bem fundo, e se preparou para uma tarde longa e inconfortável.

Amy arrastou os pés para o banco no qual Clarence estava sentado e perguntou nervosamente: "Com licença, você é Clarence?".

Ele estivera tão perdido em seus próprios pensamentos que não notara a atraente mulher que se aproximava dele: "Ah, sim, sou eu. Você deve ser Amy".

Amy e Clarence trocaram amabilidades e conversa mole enquanto se dirigiam ao Museu de Belas Artes. Fora ideia de Amy visitar uma mostra de pinturas impressionistas. Clarence adorava arte, mas odiava analisá-la. Sempre que olhava para uma pintura, tentava sentir a atmosfera da cena como se estivesse em pé, no meio dela.

A mostra estava apinhada de gente, e as pessoas em torno de Clarence e Amy estavam envolvidas em intensos debates intelectuais. Eles começaram a andar lentamente em torno do *hall*. Clarence notou que Amy estava muito quieta, parecia estar muito absorvida. Clarence sentiu que devia dizer alguma coisa inteligente para impressionar Amy mas, quando abriu a boca, surpreendeu-se dizendo algo inteiramente inesperado.

"Olhe para a pintura desta fazenda. A cena é calma e tranquila, mas aposto que houve uma tempestade na noite anterior." Embora o rosto de Amy permanecesse inexpressivo, Clarence continuou: "Está vendo o garotinho sentado na porteira? Ele está triste, mas não é por causa da tempestade. Ele foi para seu primeiro baile ontem e era tímido demais para pedir a Mary Lou para dançar com ele. Para tornar a situação ainda pior, ele teve de ficar olhando seu irmão mais velho, Marcus, dançar ali perto com Mary Lou".

O rosto de Amy se abriu num sorriso lento, e ela acrescentou: " E a mãe desse menino vai lhe dar uma surra se ele não alimentar as galinhas antes do café da manhã". Clarence riu.

Amy pestanejou, como que flertando, e perguntou em um tom brincalhão, mas gentil: "Você alguma vez se sentiu como aquele menino?".

Amy e Clarence olharam nos olhos um do outro e sorriram. Afinal de contas, não ia ser uma tarde longa e inconfortável.

Questões para reflexão

Antes de continuar a ler, reserve alguns momentos para pensar sobre as seguintes questões:

1. Como Clarence e Amy se conectaram um ao outro? Tente identificar o disparador (os eventos específicos, as palavras e o comportamento que levaram a essa conexão).
2. Como as histórias operam em níveis múltiplos nessa *vignette*?

Análise

Clarence tem dificuldade para conhecer mulheres por causa de seu trabalho. Por isso, criou uma secretária de voz com um serviço telefônico de encontros. O primeiro exemplo de história na *vignette* ocorre antes que Clarence e Amy tenham se encontrado.

Clarence abordou sua mensagem de maneira insólita. Ele acreditava que os fatos são secos demais e pouco informativos, por isso ele decide ler um poema que escreveu. O poema é um exemplo de contar histórias. Através do poema, Clarence revelou um pouco de sua imaginação. Ele prosseguiu raciocinando que, se alguém gastasse tempo e dinheiro para ouvir seu poema, não se sentiria inconfortável com ele e ainda ia querer encontrá-lo, então um encontro com essa pessoa deveria, pelo menos, ser interessante.

Quando Amy o abordou, Clarence estava perdido demais em suas próprias preocupações para notá-la. Ela sugeriu que eles visitassem o museu.

Clarence ainda estava atormentado por suas preocupações. A arte, para ele, é uma experiência emocional. Ele não gostava de analisar pinturas, gostava de imergir a si próprio na história da pintura. O rapaz notou que Amy parecia estar muito absorvida. Clarence queria impressioná-la, mas como nada sabia a respeito dela, decidiu dizer alguma coisa intelectualmente estimulante. Mas, quando abriu a boca para comentar uma pintura, ele se surpreendeu contando uma história. Inicialmente, quando começou a contá-la, o rosto de Amy permaneceu inexpressivo, mas, à medida que ele continuou, sua face se abriu num sorriso. A garota respondeu acrescentando alguma coisa à história do rapaz. Fazendo isso, estava colaborando com Clarence, e isso foi um passo importante para torná-los parceiros.

O acréscimo de Amy à história de Clarence os fez rir. Novamente, vemos como o humor pode romper o gelo entre as pessoas e, finalmente, afirmar que uma conexão entre eles está sendo estabelecida. Amy foi para além do humor, perguntando a Clarence se ele havia se sentido como o menino na pintura. Simultaneamente, os dois olharam nos olhos um do outro e sorriram. O rapaz afirmou que a moça não foi muito intrusiva com sua pergunta. Pelo contrário, através do uso de histórias, eles deram o primeiro passo em direção a criar um vínculo real.

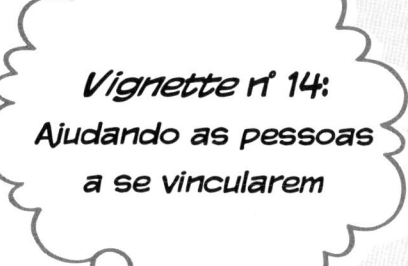

Vignette nº 14:
Ajudando as pessoas a se vincularem

Michael terminou sua conversação telefônica e se dirigiu para os elevadores. Como diretor-geral e presidente, ele convocara uma conferência à imprensa para os analistas financeiros de Wall Street com a finalidade de revisar as projeções de renda do terceiro trimestre da empresa. As perspectivas pareciam boas e ele queria divulgar isso.

Jerry tenteou o caminho para fora do Departamento de Recursos Humanos e parou por um instante para checar a prancheta. Sua próxima parada era na sala executiva do 28º andar. Pegou o crachá de identificação e o pregou à camisa: precisaria dele para ter acesso aos escritórios daquele andar.

Era a segunda semana de Jerry no Conglomerado Allbright, e ele ainda não tinha entrado no ritmo da empresa. Se entregar a correspondência era tão difícil, como poderia ele, algum dia, subir os degraus da carreira e se tornar executivo? Entrou no elevador e, distraidamente, repassou os pacotes e envelopes no carrinho. Ficou tão absorto que não notou que as portas do elevador tinham se aberto no 28º andar.

Michael entrou no elevador e apertou o botão para o saguão. Antes que Jerry se desse conta do que ocorrera, as portas se tinham fechado. "Droga!", exclamou. "Eu precisava sair no 28º andar!"

Em sua frustração, Jerry, deixou cair a correspondência que estava carregando. Sacudiu a cabeça, decepcionado. Michael, sem pensar duas vezes, abaixou-se para pegar a correspondência caída e a passou para Jerry. Fez uma pausa de um momento para olhar Jerry nos olhos.

"Obrigado", resmungou Jerry, constrangido. Podia sentir o olhar preocupado de Michael sobre si. "Esta é minha segunda semana trabalhando aqui, e ainda estou tentando aprender o roteiro de entregas. Estou no primeiro ano de Administração na Universidade Walton mas, se continuar assim, não vou me adaptar nem para fazer hambúrgueres na chapa."

"Nunca vou esquecer meu primeiro emprego", disse Michael. "Trabalhei como recepcionista em uma empresa automotiva. Algum dia você já viu uma daquelas mesas telefônicas cheias de buracos onde se encaixavam os pinos?"

> "Sei, como aquela que aparece no comercial da AT&T em que o operador está tentando responder um monte de chamadas ao mesmo tempo?", perguntou Jerry.
>
> "Isso, esse era eu", ponderou Michael. "Eu era o maior desastre. Nunca conseguia manter as linhas internas separadas das externas, e estava batendo o telefone constantemente na cara das pessoas. Aquele foi o emprego mais difícil e caótico que jamais tive. Com certeza me ensinou a admirar os operadores telefônicos."
>
> As portas do elevador se abriram para o saguão e Michael saiu. "Boa sorte, Jerry", disse Michael. "Meu nome é Michael. Conte-me, depois, como você se saiu."

Questões para reflexão

Antes de prosseguir a leitura, reserve alguns minutos para pensar sobre as seguintes questões:

1. Se Michael não tivesse respondido a Jerry contando-lhe a história da mesa telefônica, que tipo de efeito teria tido um encorajamento ou mesmo nenhuma resposta, sobre Jerry?
2. Quais são os comportamentos específicos que Michael demonstra que suportam o tom e a mensagem de sua história?

Análise

As histórias funcionam como uma cola entre as pessoas. Em outras palavras, as histórias mostram como nossos conjuntos de experiências, memórias, esperanças, receios e desejos combinam com os de outra pessoa. Eu vou conseguir entender você e me comunicar eficazmente com você somente quando puder relacionar minhas histórias às suas.

As histórias têm o poder de unir e vincular indivíduos independentemente de sua posição e experiência relativas. Michael era um diretor-geral ocupadíssimo, com uma conferência à imprensa importante à qual deveria chegar a tempo, e Jerry era um jovem no primeiro emprego como *office-boy* para uma grande empresa.

Jerry estava tão preocupado tentando entender como fazer esse trabalho que não percebeu que o elevador chegou ao 28° andar. Frustrado, derrubou um pacote de correspondência. Michael o recolheu do chão e olhou Jerry nos olhos. Inicialmente, ele tentou se conectar a Jerry através do contato visual. Naturalmente, Jerry ficou constrangido e tentou explicar sua inabilidade.

Sua explicação trouxe uma lembrança e Michael decidiu compartilhar uma história sobre seu primeiro emprego. Notamos que Michael começou sua história sob forma de pergunta, que foi uma maneira de envolver Jerry. Quando Jerry respondeu, ele teve de superar sua própria situação difícil e, indiretamente, imaginar a primeira experiência profissional de Michael como operador de mesa telefônica.

Por que Michael simplesmente não disse algo para encorajar Jerry? Ele facilmente poderia ter dito algo como: "Bom, rapaz, eu me lembro do meu primeiro emprego e não foi fácil. Você precisa trabalhar duro e acreditar em si mesmo. Com isso e um pouco de sorte, quem sabe? Pode ser que você seja diretor-geral de uma empresa, no futuro".

Michael não falou para estimular Jerry porque sabe como isso seria ineficaz. Ele não queria se distanciar do rapaz, queria conectar-se a ele. Michael completou o vínculo notando o nome de Jerry no crachá. Ele lhe desejou boa sorte e o convidou a procurar uma outra oportunidade para continuarem essa discussão.

Muitas vezes testemunhei a mágica das pessoas formando vínculos umas com as outras durante *workshops*. Em um notável exemplo, eu estava facilitando um treinamento para uma empresa que estava passando por um período de intensas demissões. Os funcionários estavam bastante convencidos de que a fábrica ia ser fechada e muitos deles seriam ou demitidos ou relocados. O moral não estava grande coisa e as pessoas estavam desanimadas, sem vontade de comparecer a *workshops* de comunicação.

Comecei o *workshop* com uma série de exercícios com o objetivo de conseguir que os participantes se ligassem e se vinculassem uns aos outros. Não esperava milagres, mas os resultados surpreenderam a todos. Uma mulher quieta, vestida de modo conservador, com duas crianças, relatou suas aventuras como motoqueira da Harley-Davidson e trouxe fotos para mostrar à classe. Uma outra mulher compartilhou seu interesse por projetos domésticos artesanais e trouxe vários exemplos. Uma outra pessoa revelou seu passatempo de radioamador em emergências. No final do *workshop*, as pessoas haviam descoberto uma grande quantidade de histórias e experiências. Essas histórias possibilitaram que enxergassem além de seus receios reais e legítimos sobre o futuro.

As histórias como armas

Como tudo o mais, as histórias são neutras. O modo **como** as usamos determina seu impacto. Elas podem ser usadas de maneiras destrutivas e agressivas, por exemplo, induzindo propositadamente as pessoas a erros. Em alguns contextos, a palavra *história* implica que o orador está mentindo. Talvez alguém esteja contando histórias exageradas ou simplesmente interpretando mal os fatos para influenciar o ouvinte de maneira negativa. De um e de outro modo, as histórias estão sendo usadas como armas conscientemente.

As histórias podem ser muito convincentes. Pense em como elas foram usadas para alimentar a Guerra Fria. Os comunistas tinham uma máquina de propaganda: os exageros e as mentiras abertas eram criados para glorificar o comunismo e retratar os Estados Unidos como vilão. Do mesmo modo os Estados Unidos também eram culpados por usar histórias para promover o medo do comunismo. Elas podem ser usadas para manipular os pensamentos e os sentimentos das pessoas.

Os ataques ao caráter nas campanhas políticas são outro exemplo de como as histórias podem ser usadas para manipulação. Embora ataques ao caráter sejam percebidos como negativos, os estrategistas de campanha recorrem a eles porque são muito eficazes. Esses ataques envolvem contar histórias que lançam uma luz negativa sobre o candidato da oposição. Depois que a história for contada, é provável que fique gravada na mente das pessoas: então, os cadidatos se desculpam e retrocedem, mas, na verdade, não faz a menor diferença, porque as histórias já fizeram efeito.

Nos cenários legal e profissional, as histórias são usadas para apoiar debates e montar casos convincentes. A apresentação e a interpretação de dados estatísticos são formas de contar histórias usadas com frequência para apoiar determinada pauta. Em Wall Street, a análise dos indicadores financeiros e de desempenho de uma empresa afetam dramaticamente a avaliação da companhia. Na maior parte do tempo essas avaliações são justas, mas, ocasionalmente, as pessoas usam dados para contar uma história que desvirtuam a organização.

Quanto mais alguém acreditar internamente em suas próprias histórias, mais elas se tornam convincentes. As histórias que contamos a nós mesmos criam nossas realidades. Todos nós já fomos vítimas de acreditar em uma história que acaba se revelando ser uma ferramenta para promover a pauta de outra pessoa. Levado ao extremo, isso é o que os vigaristas fazem. Eles são capazes de pintar um quadro tão poderoso que facilmente nos influenciamos. Os vigaristas e os mentirosos patológicos frequentemente têm sucesso na manipulação porque suas histórias são convincentes e críveis.

As histórias são poderosas e podem ser usadas com a finalidade de autosservir. O instinto é a melhor defesa e um bom sistema de aviso contra histórias usadas como armas. Pode ser difícil detectar os casos manipulativos, mas se você prestar atenção às pistas – tais como o contexto em que ela é usada e as possíveis motivações que alguém possa ter para contar uma história – e notar outras conflitantes com a que estão lhe contando, você tem uma chance melhor de evitar o engano. Se pudermos evitar, não queremos ser enganados por uma história falsa. Portanto, algumas vezes (como em *As novas roupas do imperador*), pode ser necessário se erguer contra a opinião comum para dissipar um mito.

Os líderes devem ter muito cuidado ao usar histórias como armas. Todos os esforços devem ser utilizados para usar outras táticas, antes de empregá-las para atacar outras pessoas ou informar mal. Depois que você usar uma história como arma, é muito pouco provável que volte a ganhar a confiança de quem recebeu o ataque. É catastrófico para os relacionamentos, para qualquer pessoa, especialmente líderes, queimar pontes de confiança e credibilidade.

Histórias para curar

Por outro lado, as histórias também desempenham um papel central nos relacionamentos, promovendo curas. Os relacionamentos são prejudicados pelos ritmos naturais das pessoas em convivência constante. Sem a cura apropriada, esses danos podem durar muito e podem ser difíceis ou até mesmo impossíveis de curar. As histórias abrem canais de comunicação e permitem conversas significativas sobre as experiências e as percepções que retardam a confiança e a energia positiva.

As histórias estimulam nossa imaginação. Curas significativas podem ocorrer através de histórias. Por exemplo: muitas escolas terapêuticas incorporaram narrativas ou o contar histórias como uma parte importante do processo de cura. Os indivíduos trabalham através de seu passado ou de temas atuais, falando sobre suas experiências. A cura ocorre quando os indivíduos percebem que não estão confinados a comportamentos, pensamentos, sentimentos, autopercepções ou crenças refletidos em suas histórias. Trabalhando através dessas histórias e ganhando *insights*, eles podem começar a conceber novas possibilidades.

A história certa contada na hora certa pode ajudar outra pessoa, e essa é a principal maneira com que os líderes podem promover curas em suas organizações. A esse respeito, todos na empresa precisam ser líderes. Lembre-se da história de Michael, o diretor-geral, e Jerry, o *office-boy*. Reconhecendo que Jerry estava lutando com seu trabalho, Michael compartilhou a experiência de como ele se virava mal em seu primeiro emprego como operador de mesa telefônica. A história de Michael permite que Jerry reescreva a sua própria. Se deixado à sua própria percepção, é provável que Jerry acreditasse que é incapaz de escalar a escada corporativa, pois não conseguia nem mesmo distribuir a correspondência. A história de Michael liberta e cura.

Compartilhar histórias também promove cura quando há tensão ou conflito numa organização. Relacionamentos tensos exigem a atenção de um líder, que pode introduzir a cura. O fato de que as histórias envolvem audição ativa significa que os ouvintes podem ganhar uma perspectiva diferente da deles próprios. Fazendo isso, mal-entendidos e interrupções em comunicação podem ser superados. A cura se torna possível com a boa vontade de adotar outros pontos de vista. As histórias são a maneira mais eficiente de comunicar essas perspectivas e catalisar a cura.

Gosto de simplificar a liderança definindo-a em termos de duas características-chave, inerentes a relacionamentos significativos: a consciência de si e a consciência dos outros. Tornar-se consciente de quem e como somos mitiga o tremendo fardo de nossa necessidade de provar-nos ou justificar-nos para os outros. O fracasso de reconhecer forças e fraquezas pode criar fricção desnecessária entre as pessoas. Quando sentimos que não somos compreendidos, apreciados, ou quando nos sentimos obrigados a provar-nos aos outros, ocorrem interrupções na comunicação e os relacionamentos sofrem. Nossa visão do mundo e reações enraizadas às pessoas e eventos ficam abaixo da nossa consciência. As histórias são uma grande ferramenta para refletir nossas experiências. Usamos essas experiências para examinar minuciosamente os padrões de comportamento. Nossas experiências capturadas em histórias fornecem dicas sobre nossa maquiagem e realçam alguns dos fatores que influenciaram nosso desenvolvimento. Uma linha de raciocínio semelhante se aplica ao papel das histórias e à consciência dos outros. A boa notícia é que, independentemente da personalidade, estilo de pensamento e de comunicação, ou qualquer outra faceta ímpar, todo mundo pode se beneficiar ao trabalhar com histórias. Elas são um veículo essencial para desenvolver uma consciência melhor de nós mesmos e dos outros.

As histórias ajudam os líderes a se curarem promovendo reflexão e maior consciência de si mesmos. Do mesmo modo, tornam possível que os líderes promovam a cura de outros. Nas organizações, os líderes encontram muitos relacionamentos rompidos, que devem tentar recompor, não importa se contribuíram para o rompimento do relacionamento. Independentemente de como ou quando as pessoas se afastaram, os líderes devem tentar reuni-las. Extrair as experiências dolorosas das pessoas, compartilhadas em histórias, produz um clima de recomposição. O líder também pode precisar arriscar se tornar vulnerável com os membros da organização contando uma história pessoal. Partilhar experiências pessoais de modo honesto e sério pode estimular *insights* e a recomposição nos outros. Pense sobre programas de 12 passos nos quais os membros oferecem apoio uns aos outros à medida que compartilham suas histórias pessoais. A história de uma pessoa se torna o caminho da outra para novos *insights* e restabelecimento.

As histórias nos restabelecem porque nos ajudam a lembrar vividamente e reviver nossas experiências. Elas nos ajudam a reunir os fragmentos de nossa vida, remontando-os de modo a recriar os eventos de nossa vida. Através das histórias podemos encontrar inteireza. Thomas Moore, em sua obra *Dark nights of the soul: a guide to finding your way through life's ordeals* (Noites escuras da alma: um guia para encontrar seu caminho através das provações da vida), coloca:

> *Contar uma história repetidas vezes, gradualmente permite que os pedaços da experiência de vida encontrem sua relação uns com os outros. Não só o ouvinte, mas também o contador de uma história, experimentam uma catarse ao contar. Se você pode encontrar boas palavras e estilo para sua história, vai se sentir purificado por ela. Uma história do que você está passando dá forma à sua experiência, coloca-a fora de si mesmo e dos outros, e dá o prazer estético que uma boa história oferece. Uma boa história exige uma certa clareza, que provém da honestidade e da vontade de abster-se de desculpas, condições e explicações, não importa se é uma história ardilosa ou um simples relato de uma experiência de vida. (2004, p. 58)*

No que se refere a histórias e a restabelecimento, os líderes têm duas responsabilidades. Primeiro, devem exibir circunspecção. Divulgar detalhes íntimos nem é necessário nem, na maior parte dos casos, produtivo. Entretanto, os líderes devem modelar comportamentos reflexivos em relação às suas experiências dentro da organização e a como essas experiências os afetaram como pessoas. Segundo, os líderes devem cultivar confiança e relacionamentos fortes com as pessoas com quem interagem na organização. O poder do líder vem das pessoas que lhe dão permissão para ajudá-los a descobrir *insights* e procurar restabelecer-se.

A história de Victor

Aqui está um relato muito pessoal de um colega querido. Victor, o filho de Hal Kane, morreu e, como parte do processo de pesar, estimulei Hal a refletir sobre a vida de seu filho na forma de uma curta narrativa. No início, Hal estava relutante. A dor da morte de Victor estava próxima demais. Ele também estava preocupado que pudesse desrespeitar ou trivializar a morte de seu filho escrevendo uma narrativa. Depois de pensar um pouco, ele colocou as reservas de lado e escreveu. Os resultados nos surpreenderam. A composição da narração veio em três intensas rajadas de escrita, que Hal descreveu como sendo profundamente catárticas. O processo da história de Hal foi profundamente restabelecedor para ele, e é testemunha do poder da história. Através da emergência e do arranjo natural das histórias, Hal experimentou sinceros *insights* e profundidade de significado no vazio doloroso, que antes não estava disponível para ele. Uma técnica chamada *colagem de histórias* para reunir múltiplas histórias será explorada mais adiante neste livro.

> **Ursula e eu tínhamos nos casado na véspera e, agora, meu novo enteado, Victor,** que fazia distribuição de jornais, precisava de uma carona até a estação na qual seus jornais estavam armazenados. Levantei-me às 4h30 da manhã e encontrei uma nova camada de neve, uma tempestade de neve caindo e o para-brisa do carro que parecia vidro moído. Victor tremeu no casaco, esperando que o aquecimento descongelasse o interior do carro enquanto eu raspava o para-brisa com uma espátula de cozinha, criando um espaço que passaria por uma vigia se estivéssemos em uma embarcação.
>
> Engatei a primeira e deslizei para o que eu esperava que fosse a rua, e não o jardim da frente da casa do vizinho. Mantive o carro em primeira até a estação, perguntando a mim mesmo se Victor realmente iria até o fim com aquele compromisso. Ele emergiu de seu casulo e começou a assobiar uma música popular como se neve, vento frio e manhãs de começo de inverno não fossem obstáculos à felicidade, mas cenário de fundo para a empolgação que ele sentia por ter um emprego, fazendo uns trocados e sentindo-se parte de uma longa tradição de guerreiros rueiros que entregavam jornais com dedicação

postal. Ele não tinha medo, um traço que o serviria bem por toda a vida, e eu estava orgulhoso por ser parte de sua família.

Viver com Victor durante sua jovem vida adulta aumentou minha admiração à sua habilidade de colocar o desconforto na prateleira quando se tratava de ajudar outras pessoas a resolverem seus problemas ou simplesmente divertindo-se com um pesado diário de classe na escola, aulas de música e esportes competitivos. Ele era inteligente e tirava as aulas de letra. Era ágil, e sua capacidade de correr por milhas, na praia, deixava-me no papel de espectador e chefe da torcida. Quando ele decidiu viver com o pai, aos 16 anos, eu sabia que não o veria de novo até que fosse para a faculdade e que não acompanharia sua transição para a vida adulta. Por outro lado, ele precisava descobrir quem eram o seu pai e a nova madrasta e se sua outra família tinha o significado que ele procurava. Nossa ligação próxima terminou naquele dia, embora fosse levar anos para eu descobrir o que a mudança realmente significava para todos nós.

Não funcionou da maneira que ele provavelmente queria, mas ele sobreviveu e entrou na faculdade com o entusiasmo de hábito por aventura e aprendizado. No verão, ele voltou à nossa casa para trabalhar longas e lucrativas horas na Chevrolet para pagar a escola, assaltando nossa geladeira nas primeiras horas da manhã para satisfazer ao seu apetite voraz e deixando-nos bilhetes de agradecimento espalhados por toda a casa. Estávamos felizes por tê-lo de volta, mesmo que fosse temporariamente.

Victor estudara todos esses anos para fazer, na Califórnia, o exame equivalente ao exame da OAB no Brasil, primeiro como estudante em tempo parcial em uma escola de direito não autorizada, na qual o clima político combinava com o seu próprio fervor por organizar um sindicato de motoristas de ônibus em Los Angeles e, mais tarde, como membro, em período integral, de uma escola autorizada, na qual aprendeu as regras da evidência e como comportar-se numa corte sem ser ameaçado por desacato à autoridade (veja, Victor era arrebatado quando se tratava de acertar as coisas que estavam erradas e seu arrebatamento muitas vezes ultrapassava os limites do decoro, aborrecendo o homem no tribunal, que queria manter o processo sob controle). Ele fizera o tal exame duas vezes e falhara em ambas, dando como razões que tinha sua própria interpretação da lei, que excedia, de longe, o que os examinadores queriam como resposta. Quando chegou o dia de fazer o exame pela terceira vez, Victor foi para o auditório, sentou-se e se instalou para enfrentar as longas horas de ansiedade e tédio que são, em geral, sentidas quando alguma coisa realmente importante está em jogo. Não me telefonou depois disso e comecei a perguntar a mim mesmo se ele não tinha passado no exame de novo e estava sem graça de me contar.

Duas semanas depois, eu estava trabalhando na casa quando a campainha da porta da frente tocou. Olhei para fora e vi Victor em pé no degrau, assobiando uma música baixinho e afastando o cabelo loiro da testa com os dedos. Abri a porta e, na mesma hora, ele se abriu num grande sorriso aberto e disse: "Passei! Eu sabia que ia conseguir desde a primeira pergunta". Depois de cobri-lo de congratulações, perguntei por que a primeira pergunta lhe dera a confiança para terminar o exame de uma forma que convencera os examinadores de que ele sabia do que estava falando, cruzando os dedos mentalmente para que tudo fosse verdade.

"Simples", respondeu-me, "eu tinha estudado aquela pergunta em particular sobre direitos de propriedade na noite anterior e apresentei uma descrição firme e clara de como resolver o caso. Acho que eles não precisaram ler aquilo criticamente, depois que demonstrei que sabia do que falava." Mal contive minha excitação e pedi-lhe para entrar, mas ele estava fazendo a ronda de amigos e família e não podia ficar. Aceitou meu convite para jantar no sábado seguinte. Quando entrou no carro e foi embora, chamei a mãe dele e passei-lhe as boas notícias.

Naquela noite, brindamos ao triunfo dele e começamos a pensar sobre seu futuro como advogado *bona fide*, finalmente autorizado a praticar a profissão.

Como qualquer homem normal de sua idade, Victor decidiu que era hora de acomodar-se e casar. Ele estava trabalhando com lei de imigração em Los Angeles, com dois vietnamitas paralegais para reunir e servir seus casos. Um dos assistentes de Victor sugeriu que ele viajasse para o Vietnã para encontrar um parente distante, que o apresentaria a uma mulher adequada. Victor pediu o endereço da mulher e começou a escrever-lhe cartas. Ela respondeu empolgada, em uma cuidadosa escrita misturada de inglês, francês e vietnamita. As cartas dela inicialmente eram hesitantes, pedindo seu *bona fide* da maneira como estranhos olham cautelosamente para o outro lado da sala para um pretendente atraente que fez contato visual. Victor, com seu excelente domínio da língua inglesa, respondia de modos que incendiavam o ardor dela, e as cartas investigativas logo deram lugar a cartas de paixão.

Victor voou para o Vietnã para encontrar a amiga por correspondência e sua família. Apaixonou-se por ela durante sua estada de duas semanas, enquanto aproveitavam da companhia um do outro na praia, em passeios de moto pela cidade e em jantares de família em que a linguagem de sinais e os sorrisos passavam por conversação agradável. Ele voltou ao trabalho e começou a devotar boa parte do tempo ao preenchimento de formulários da imigração de modo que ela pudesse vir aos Estados Unidos em, no máximo, um ano (sendo que a espera normal era de dois anos ou mais) e eles pudessem começar a vida de casados. Nesse meio tempo, a noiva começou a planejar um casamento vietnamita tradicional, que aconteceria naquele país num futuro próximo. Eles continuaram a escrever um ao outro regularmente, trocando votos de amor eterno através de um oceano de tempo e espaço.

Alguns meses mais tarde, Victor voltou ao Vietnã para o casamento, e os vídeos feitos durante os eventos que cercaram as bodas mostram um Victor sorridente, meio aturdido, sendo conduzido por seus amigos e pela noiva pelas várias cerimônias que cercam um casamento tradicional, incluindo reuniões de família, uma festa musical num *night club* e introduções à hierarquia familiar. Tudo terminou cedo demais, e o rapaz logo se viu voando de volta, sozinho de novo.

Durante os próximos meses, as cartas dela adotaram um tom diferente. Ela começou a reclamar sobre o longo tempo que levava para tocar o processo de imigração no lado dele. Depois, caiu o raio. Um dia chegou uma carta dela, e ele a abriu ansiosamente. Não eram boas notícias. Ela decidira, escreveu, que não queria continuar com o casamento, que tinha encontrado um antigo namorado proprietário de um restaurante no Vietnã e queria o divórcio para casar-se com ele. Victor ficou profundamente chocado. Nada, absolutamente nada, o tinha preparado para essa declaração. Ele voou imediatamente de volta ao Vietnã e a confrontou com suas preocupações.

Ela declarou abertamente que o casamento fora um erro desde o início e que não havia possibilidade de parar com o processo de divórcio naquele país. Mais ainda, ela não queria continuar a trocar cartas ou atender a telefonemas dele. Tinha acabado, ponto final. Victor voltou, exausto e confuso, incapaz de compreender o que acontecera ou por que acontecera. Uma pessoa naturalmente otimista, ele sofreu sua perda em silêncio, e podíamos só imaginar o inferno pelo qual ele estava passando. Foi logo depois desse incidente que apareceram os primeiros sinais de sua doença fatal.

A coragem de Victor nunca faltou quando ele começou a série de testes psicológicos e físicos que revelariam a natureza de sua doença. Seus amigos haviam notado comportamentos estranhos no passado, atribuindo olhares vazios e lapsos de memória a reflexos de alguém que carregava pesados fardos com os problemas de imigração de seus clientes, com a organização do sindicato e com a recuperação gradual de seu traumático divórcio. Repentinamente, ele decidiu deixar seu escritório em Los Angeles, o que os amigos atribuíram à sua necessidade de mudar de cenário e começar novamente. Foi só mais tarde, quando os resultados dos testes chegaram, que a mãe dele e eu vimos que fora uma mudança instintiva para ficar mais próximo da família em tempos de necessidade. Num nível mais profundo, estávamos convencidos, agora, de que ele estava assustado com as mudanças mentais começando a ocorrer, e sabíamos que o apoiaríamos em qualquer processo de cura pelo qual tivesse de passar.

Ele encontrou um apartamento em San Francisco e viveu lá por alguns meses. Suas habilidades mentais continuaram a declinar. Ele mudou de novo, para um quarto pequeno ao lado de um apartamento cheio de outros adultos e crianças, esperando reduzir seu sentimento de alienação cercando-se de outras pessoas. Mas as coisas continuaram a descer a ladeira. Finalmente, a mãe e a irmã dele encontraram uma forma de inscrevê-lo numa HMO (sigla em inglês para *health maintenance organization* – organização para manutenção da saúde) no norte da Califórnia e, depois que ele se tornou membro, acharam um médico que o encaminhou para testes neuropsicológicos. Os resultados do teste foram de arrasar. Em certas escalas, essa pessoa brilhante, atenta, socialmente consciente tinha o QI de alguém com grave deficiência mental. Os sinais e os sintomas que apresentava, acrescidos aos resultados de sete horas de teste, revelaram um homem que estava sofrendo de demência frontal-temporal, uma insidiosa doença neurodegenerativa fatal, um tipo de Alzheimer ao contrário, que destroi as, assim chamadas, *funções executivas do córtex* (planejamento, julgamento, raciocínio etc.) na parte frontal do cérebro e, gradualmente, avança para a parte de trás, obliterando sentido e memória.

Victor, sua mãe e eu nos encontramos com o psiquiatra-chefe para rever os resultados do teste e discutir opções de tratamento. Lembro-me vividamente do psiquiatra calmamente dizendo a Victor que ele tinha demência e que nenhum tratamento existia, até agora, para aquela doença. Ele comunicou a mensagem olhando para os sapatos, até que a mãe de Victor praticamente gritou: "Olhe para ele. Diga isso a ele". O médico ergueu a cabeça bruscamente, como se tivesse acabado de se lembrar de seu dever como médico e continuou seu monólogo. Victor sacudiu a cabeça com veemência e declarou que ele não tinha demência e não acreditava nos testes nem no médico. Deixamos o consultório com o coração pesado e determinados a fazer o melhor possível para que os últimos dias de Victor fossem confortáveis. Daquele ponto em diante, o psiquiatra ficou conhecido na nossa família como *Dr. Sapatos*.

Os próximos meses foram recheados de pesquisa em locais para viver nos quais houvesse assistência, clínicas de repouso, reivindicações de incapacidade junto à seguridade social, grupos de suporte, *websites* sobre a natureza da doença e preparativos para mudar Victor para a nossa casa. Ele se mudou (não precisou ser estimulado) em dezembro de 1990 e pudemos ver as mudanças ocorrendo em sua capacidade de focar-se em algo tão simples como assistir a um filme, dirigir a caminhonete ou articular suas necessidades. À medida que a enfermidade progredia, sua linguagem se tornou mais simples e, às vezes, ficava mudo. Ele logo apresentou tremores na garganta, pescoço e peito (chamada *fasciculação*), sinal de que alguma outra coisa estava errada. Arranjamos para que tivesse uma consulta neurológica completa na Universidade da Califórnia, San Francisco (UCSF), e descobrimos que, além da demência, ele agora tinha doença de Lou Gehrig (esclerose lateral amiotrófica, ou ELA), enfermidade fatal que encurtaria a vida dele para menos de dois anos. Chamei isso de dupla porrada da natureza, como se uma sentença de morte não fosse suficiente.

Quando Victor se tornou difícil demais para que pudéssemos cuidar dele (fugindo pela porta da frente e andando rua abaixo à procura de centavos), arranjamos um asilo próximo, no qual seria assistido, e que lhe forneceria quarto e comida. Encontramo-nos com Cynthia, a diretora, e visitamos as instalações, conhecendo o pessoal e sentindo um pouco o lugar. Era um ambiente caroloso, receptivo, com pessoas que realmente cuidavam dos doentes, e concordamos em trazê-lo na semana seguinte. A transferência ocorreu sem problemas porque, nessa época, Victor tinha pouca cognição e estava, para todos os propósitos, completamente mudo.

O quarto dele parecia o dormitório de uma faculdade, com refrigerador para suas bebidas favoritas e barras de frutas, uma nova TV em cores e uma poltrona, uma grande escrivaninha, uma cama de solteiro confortável, um banheiro privativo, um armário para suas roupas e um quarto para trabalhar com sua arte. Naquela tarde, fomos para casa suspirando fundo de alívio, pois ele estava em boas mãos e nós poderíamos começar a recuperar nossas vidas da intensidade de cuidados que tínhamos lhe fornecido pelos dois últimos anos. Visitávamos Victor com frequência e o levávamos para concertos ao ar livre, supermercados e caminhadas no parque até perto de seu fim, quando andar se tornou um esforço grande demais. A irmã dele vinha de São Francisco todo domingo para envolvê-lo em atividades semelhantes, deixando a família dela em casa para ajudar a tornar os últimos dias de seu irmão significativos e felizes.

Nos últimos meses de vida, Victor parou de comer, com exceção de sorvete e limonada. Ficou magro e descarnado e, às vezes, dobrava-se enquanto andava, pois os músculos das costas e os nervos sucumbiam aos estragos da ELA. Tínhamos contratado os serviços do programa de asilo no Kaiser Permanente, e eles começaram a visitá-lo semanalmente para certificar-se de seu conforto e ensinar o pessoal sobre o que esperar em seus últimos dias.

Recebemos o telefonema final numa sexta-feira de manhã, 23 de abril de 2004. Ele caíra no chuveiro e não estava se movendo. Minha mulher disse que ela daria um pulo até lá e depois me diria se minha presença era necessária (era cedo e eu ainda estava de pijama) e correu para fora. O telefone tocou 20 minutos depois com a informação de que ele morrera em paz, vítima aparente de um coração que se deu por vencido enquanto ele passava pela rotina matinal (a natureza foi misericordiosa, ele podia ter-se asfixiado e afogado em seus próprios líquidos).

Tínhamos prometido o corpo dele à ciência, e uma ambulância chegou logo depois para levá-lo para autópsia na UCSF. Fomos para casa para dar os telefonemas indispensáveis percebendo, então, que para ele tinha terminado, mas para nós, não.

Agora se passaram oito meses, e sua memória ecoa pela casa. É o nosso primeiro Natal sem ele, e será difícil. Um retrato dele enfeita nossa sala. Victor está montado em uma motocicleta em Saigon, um sorriso agradável na face marcada pelo vento, enquanto acelera para celebrar seu casamento. Ele não tem ideia do que o futuro lhe reserva, e é assim que tem de ser, pois a vida não é vivida no futuro (ou no passado), mas no momento. Conheci-o por mais de 40 anos, ajudei a criá-lo até que se tornasse adulto, consolei-o quando as coisas estavam difíceis e aplaudi-o quando o sucesso lhe bateu à porta. Ele se foi para o lugar em que os lutadores de boas lutas vão. Eu gostaria de encontrá-lo algum dia e trocar algumas lindas histórias com ele.

Comentário sobre a história de Victor

Senti-me obrigado a partilhar essa história profundamente emocionante por causa de sua natureza pessoal. É um exemplo dramático da capacidade das histórias de promoverem o restabelecimento. Além das qualidades emocionais da narrativa, demonstra o impulso primordial inerente a este livro – as histórias permitem que nos comuniquemos de maneiras profundas e significativas com nós mesmos e com os outros. O propósito de incluir as histórias de Hal era entrever a vida interior das histórias. Capturar um fluxo reflexivo das histórias é algo em que todos nós, sendo ou não líderes, precisamos estar envolvidos.

As histórias de Hal, juntas, criam uma colagem de memórias. Elas aludem aos benefícios catárticos que fornecem a Hal e à sua família. Conectados a essas histórias estão muitos outros que vêm à tona conforme Hal e a família revivem aquelas que ele partilhou. Relembrar essas histórias fornece significado e contexto. As questões existenciais irritantes e irreconciliáveis que cercam a natureza da morte encontram um lar nas histórias. Ali podemos encontrar uma paz que vem da imobilidade oferecida por uma imaginação entretida e um coração ativo. Nossa mente analítica não consegue compreender completamente assuntos pesados, como a razão de um jovem morrer, mas nossa imaginação e coração podem explorar os esconderijos de nossas histórias para encontrar um comovente consolo. As razões se tornam menos importantes do que a profundidade: e histórias entrelaçadas são muito profundas.

Se você está interessado em ler outros exemplos de como as histórias promovem a cura e a recuperação de modo terapêutico, recomendo o livro de Erica Helm Meade, *Tell it by heart: women and the healing power of story* (Conte-a de memória: as mulheres e o poder curativo das histórias). Agora que vimos um exemplo de histórias curativas em um nível muito pessoal, voltemos nossa atenção para como elas ajudam os líderes a promover a cura em um cenário organizacional.

Vignette nº 15: Perigo no mercado

Dan deu um passo para fora da santidade de seu suntuoso escritório. Ser vice-presidente sênior de *marketing* e comunicações de uma empresa importante, listada na revista *Fortune 500*[1], tinha suas vantagens, mas também uma enorme quantidade de desafios. As vendas do trimestre tinham diminuído e as pessoas estavam nervosas. Era provável que houvesse algum tipo de reorganização – essa sempre parecia ser a resposta da equipe executiva a problemas complexos. O novo produto mais

---

1   A revista classifica empresas por faturamento bruto (N. da T.).

importante da empresa estava falhando. Todo mundo tivera grandes expectativas – e, até onde Dan acreditava, irrealistas – de que o novo produto revitalizaria a decrescente fatia de mercado da empresa. No momento, ocorria um monte de confusão e acusações e muito disso estava sendo dirigido ao Departamento de *Marketing* e Comunicações. Dan suspirou de si para si. Ele devia à sua equipe algumas respostas, mas não tinha muita certeza sobre o que ia lhes dizer.

Vinte de seus diretores e gerentes de nível sênior estavam esperando por ele numa sala de reunião. O cômodo estava silencioso e, exceto por alguns movimentos nervosos, as pessoas estavam tensas e inquietas. Dan se deu conta de que muitos dos rumores que circulavam pela empresa tinham criado desentendimentos significativos em sua equipe. Ninguém queria ficar com a culpa, e as pessoas não estavam falando como se a culpa fosse passada adiante para pessoas diferentes sem razão. Dan sempre se orgulhara da camaradagem coesa que sua equipe exibia. Tinha muito respeito pelos talentos de sua turma. Entretanto, mesmo equipes fortes podem desmanchar-se facilmente quando a pressão é alta e a confiança e a comunicação são baixas. Se a equipe de *Marketing* e Comunicações tivesse alguma chance de imaginar o que poderia fazer de modo diferente para ajudar o produto a ter sucesso, Dan precisaria ajudar as pessoas a reparar alguns relacionamentos.

O assistente de Dan preparara uma elaborada apresentação abarrotada de dados e recomendações estratégicas. O projetor da sala já estava ligado, tudo o que Dan tinha de fazer era ligar o *notebook* à tomada. No último momento, Dan desligou o projetor e foi para a frente da sala para sentar-se em uma cadeira vaga no meio da mesa da sala de reuniões.

"Bom dia", disse ele. "Nas circunstâncias atuais, estou optando por saltar a apresentação. Vou enviar a vocês uma cópia por *e-mail*, mas acho que nosso tempo, hoje, será melhor utilizado falando sobre seus cândidos pontos de vista sobre nossa situação atual. Devo confessar que não estou menos confuso do que qualquer um de vocês. Não vou mentir para vocês: a equipe executiva da empresa acha que o péssimo desempenho do novo produto é atribuível ao nosso fracasso em definir segmentos de mercado adequadamente, desenvolver a marca do produto e criar garantias convincentes." Dan fez uma pausa para observar as faces em torno da mesa: estavam coradas. E, por todo lado, trocavam-se olhares furiosos.

Ele continuou: "Como fui interrogado cerradamente pela equipe executiva, tive um *flashback* de uma de minhas experiências antigas em uma empresa de consultoria. Eu era membro júnior de uma grande equipe trabalhando nas trincheiras, tinham me atribuído a laboriosa tarefa de análise de dados. No início do projeto tornou-se claro, para muitos de nós, que as questões reais dos clientes não estavam sendo enfocadas. Quase todo mundo da equipe de consultores começou a ficar cauteloso, suspeitando dos motivos do consultor principal. Estávamos esperando que a bomba estourasse a qualquer instante. Os boatos diziam que o consultor-chefe estava fazendo um favor para um de seus colegas de escola de administração, que precisava justificar a estratégia que implantara para salvar seu emprego. Toda a equipe de consultores estava caminhando sobre ovos. Passávamos cada vez menos tempo nos comunicando uns com os outros, e a colaboração foi atirada para fora da janela. Para usar um clichê, o imperador estava nu, e ninguém ia dizer nada. Observei meu relacionamento com meus colegas, que tinha sido forte, desgastar-se diante de meus próprios olhos. Éramos todos parte de uma fraude esperando pelo machado que nos derrubaria. Isso fez com que me desse conta de como meus relacionamentos profissionais eram frágeis. Alguns deles nunca se recuperaram totalmente do fracasso do projeto. Todos nós fomos considerados culpados pela insatisfação final da empresa contratante com nossas recomendações. Ironicamente, aqueles de nós que estavam no escalão mais baixo na ordem de hierarquia da equipe de consultores ficaram com a maior parte da culpa. Claro, estava além do meu controle mudar a natureza da intervenção consultora mas, em retrospecto, eu jamais deveria deixar meus relacionamentos se desfazerem. Se a equipe de consultores tivesse mantido linhas de comunicação mais abertas, poderíamos até ter encontrado uma forma de fazer limonada com o limão.

Não há dúvidas em minha mente: estamos passando por uma situação muito semelhante agora, em nossa empresa. Não estou em uma cruzada para encontrar alguém a quem atribuir a culpa hoje, e se alguém deveria entrar na panela e ser assado, seria eu. Certamente não concordo com a maior parte das críticas ao Departamento de *Marketing* e Comunicações que estão circulando pela empresa. Entretanto, estou certo de que podemos comparecer com algumas ideias para melhorar a situação. Primeiro, quero dar a vocês uma chance de contar suas histórias. Nenhum de nós está inteirado de todos os detalhes intrincados e interdependentes que envolvem o lançamento de um produto da empresa. Então, vamos reservar 30 minutos e formar grupos de quatro para compartilhar nossas impressões uns com os outros. Depois, podemos reunir novamente o grupo inteiro para relatar e procurar algum terreno comum. Não segure nada em seu grupo. Exponha tudo – o bom, o ruim, o feio e suas opiniões sobre o que podemos fazer de modo diferente daqui para a frente."

Questões para reflexão

Antes de continuar a leitura, reserve alguns momentos para pensar sobre as seguintes questões:

1. O que especificamente Dan fez e disse para promover o restabelecimento do grupo?
2. Como ele usou sua história pessoal para promover a cura?
3. A história de Dan foi suficiente para curar o grupo e ajudar a restabelecer seus relacionamentos?

Análise

Desde o início da *vignette* Dan exibia os sinais de um bom líder. Ele era reflexivo, tinha consciência de si e dos outros. Ele se deu conta de que a primeira coisa a fazer era restabelecer os relacionamentos tensos em sua equipe. Sua decisão de saltar a apresentação e sentar-se com o grupo criou um ambiente de vulnerabilidade. Dan precisou ganhar a confiança do grupo. Rapidamente ele tomou conhecimento e validou as emoções do grupo. Depois, contou à equipe sua história, uma história rica, com referências a outra história, aumentando assim a eficácia de sua comunicação. O principal impulso da história de Dan era não comunicar uma mensagem específica. Ele a utilizou para convidar as pessoas a se abrirem umas com as outras. Dan modelou o comportamento que desejava que sua equipe adotasse. Um grupo de 20 era grande demais para o tipo de conversas curativas exigidas, por isso, Dan os separou em grupos menores e os instruiu a compartilhar suas experiências, sendo tão específico quanto possível. Acredite ou não, você não precisa fazer muito para fazer com que as pessoas contem suas histórias, porque o fazemos naturalmente, nas condições apropriadas. Isso não é infalível. Você nunca vai conseguir 100% de participação, independentemente da estratégia que usar. Ter pessoas conversando em pequenos grupos dá resultados surpreendentes. As pessoas abrem suas comportas e jorram ideias. A partir do compartilhamento, novas conexões e laços se desenvolvem e as pessoas se sentem revigoradas com novas ideias, esperanças e possibilidades. Em suma, elas têm novas histórias para contar e viver.

Sumário

Líderes fortes se focam em relacionamentos. Com a ajuda de histórias, os líderes podem tomar maior consciência deles próprios e dos outros. Os líderes colocam-nas para funcionar em seus relacionamentos, usando-as para formar, manter laços fortes e promover o restabelecimento através de audição ativa. As histórias também podem ser usadas como armas, com efeitos negativos potenciais.

6 Estudo de caso: Ambiente para o Progresso Organizacional (APO)

Conheci Bruce Rector e fiquei imediatamente impressionado com sua história. Com o olhar brilhante e um sorriso sempre pronto, Bruce encontrou sua voz como líder através de uma série de ricas experiências e, como ele diria, "um pouco de boa sorte". Nossos caminhos se cruzaram por acaso e rapidamente formamos um vínculo em torno de nosso compartilhado interesse em ajudar empresas a desenvolverem o coração e a alma ao mesmo tempo em que engordavam os lucros. Depois de seu sucesso na indústria vinícola, Bruce respirou fundo e parou um instante para refletir sobre suas histórias e imaginar qual seria o próximo passo que daria.

Bruce pegou suas histórias e as transformou em uma propriedade física chamada de *Ambiente para o Progresso Organizacional* (APO). É um lugar mágico, no qual grupos em vários estágios de desenvolvimento organizacional podem ir para ganhar perspectiva. Na narrativa, observe como o relacionamento de Bruce com o vinho, com a arte de misturar, com o negócio da produção e com as pessoas com quem ele trabalhou conseguiu que ele imaginasse a natureza da liderança. As histórias de Bruce são o fundamento da realização de seu sonho de ajudar os outros a encontrarem os deles.

A metáfora do vinho é a missão do APO: desenvolver líderes através do poder da narrativa. Bruce credita ao poder das histórias seu desenvolvimento como líder de uma das viniculturas de maior sucesso da Califórnia. Bruce diz o seguinte: "As pessoas e o vinho melhoram de maneira semelhante. Com os cuidados e a mistura apropriados, eles amadurecem até se tornarem ativos de alto desempenho. O APO oferece uma abordagem com participação ativa ao crescimento e desenvolvimento". Neste capítulo, Bruce compartilha sua história. Enquanto lê, preste atenção cuidadosa às explicações dele sobre as diferenças entre misturar e combinar. A paixão de Bruce para desenvolver líderes que sejam capazes de combinar os talentos das pessoas para criar equipes de alto desempenho está na essência do trabalho do APO. A eficácia da abordagem do APO está em uma metodologia para ensinar os líderes a construirem relacionamentos fortes em suas organizações, através da capacidade das histórias de ajudar as pessoas a se vincularem umas às outras e promover curas.

A história do APO

Em 1979, dirigi para o meu novo emprego em uma vinicultura. Era a velha maravilhosa Ruby Hill Winery no Vale Livermore que, na época, era chamada *Stony Ridge*. Conforme estacionei meu ônibus VW, vi que havia uma mulher em pé a cerca de 1,5 m de mim. Mesmo olhando para as costas dela, sabia que nunca a tinha visto antes. Ela estava para atirar um alicate para um homem que estava no telhado. Ela era de meia idade, embora tivesse uma atitude meio infantil. Quando atirou o alicate, não o soltou no momento certo para que subisse ao telhado. Segurou-o um microssegundo a mais e o alicate foi para trás e quebrou o para-brisa. Todo mundo deu uma bela risada. O casal, marido e mulher, eram Helen e Bruno Benziger, meus novos empregadores.

Em dois anos estávamos todos em uma corrida de foguetes. A família Benziger, Mark Stornetta e eu nos envolvemos com uma nova vinícola chamada *Glen Ellen Winery*. Ampliamos a produção de zero para 4 milhões de caixas em 12 anos, tudo isso durante o declínio do mercado da indústria vinícola. Durante esses 12 anos, tive meus "15 minutos de fama". Por dois ou três anos encontrei, combinei e engarrafei mais Chardonnay em garrafas de 750 ml do que qualquer outra pessoa no mundo. Em 1993, vendemos a vinícola, quando estava no auge. Aquele volume de caixas nunca foi excedido. Nossos sucessos e a história da cultura especial da Glen Ellen Winery não foram levados adiante.

Deixe-me contar um pouco mais sobre como construímos um negócio de sucesso sobre os princípios de liderança das histórias. O filho mais velho de Bezinger, Mike, sonhava em criar uma butique vinheria. Com a ajuda de meu cunhado Tom, ele abriu uma, deslumbrante, em Glen Ellen, Califórnia, logo abaixo do Parque Estadual Jack London. Mike deu uma entrada numa velha casa de fazenda com pouco mais de 32 hectares de terra, com a ajuda do dinheiro da mãe de Helen Benziger. Então, o resto da família Benziger migrou de Nova York para o Oeste. Era uma família grande, feliz e muito empolgante, e eu fazia parte dela como consultor em produção de vinho, na época.

Conforme as coisas se revelaram, tornou-se cada vez mais óbvio que Bruno Benziger, o patriarca, não compreendia que o vinho tinha de envelhecer. Seu modo de pensar era diferente do nosso. Era diferente porque ele fora a primeira pessoa a compreender como importar uísque escocês em uma embarcação, a granel, e engarrafá-lo no continente americano. Por causa disso, ele tinha um dólar de vantagem na prateleira do varejo, comparado a outras garrafas de uísque. Bruno, seu irmão e os sócios podiam obter um milhão de caixas de uísque com a marca de Harvey. Assim, o cronograma de produção padrão de Bruno com o uísque era tirar a mercadoria da alfândega, engarrafá-la e distribuir as garrafas no mercado em apenas uma semana.

Para defender o nosso sonho, Mike e eu tínhamos de fazer alguma coisa para tirá-lo do caminho. Precisávamos dar ao produto de nossos sonhos tempo para amadurecer, por isso, criamos um vinho para incrementar o fluxo de caixa chamado *Glen Ellen Reserva do Proprietário*. Agora, Bruno podia sair e vender alguma coisa. Ele podia se enturmar com seus velhos amigos de família e companheiros da Marinha, que eram sua rede de corretores, enquanto deixava Mike e eu em paz para criarmos nossa própria butique de vinhos. Os primeiros vinhos que fizemos para Bruno eram um tinto e um branco. O tinto era Cabernet Sauvignon, e o branco era feito de dois tipos de uva: 50% Columbard francesa por sua acidez, e 50% Chardonnay, por sua exuberância.

Aí aconteceu o momento fatal. Bruno estava de volta a Nova York com seus colegas, tentando encontrar ideias para "criar as condições" para vender mais vinho. Foi a um telefone e chamou a vinheria. Fui eu que atendi o telefone. Ele me perguntou se podíamos colocar mais 25% de Chardonnay no vinho, de modo a poder etiquetá-lo Chardonnay em lugar de simplesmente vinho branco. Eu disse: "Ah, claro!". Lembro-me de desligar o telefone e voltar-me para Mike dizendo-lhe: "Bom, aqui vamos nós!".

Mas fomos mesmo para uma odisseia de combinações: foi assim que mantivemos a oferta a par da demanda. Fizemos isso combinando. Combinar também se tornou, para nós, uma metáfora poderosa. Agora, combinar é diferente do que misturar. Na mistura, um dos componentes é melhor do que a compilação terminada. Ao combinar, a combinação terminada é melhor do que qualquer dos componentes em si. É a sinergia em ação. Quando se combina, é preciso que haja uma pessoa experiente e um paladar cuidadoso que saiba como trazer à tona o sabor subjacente e não embotar os sabores principais. O fabricante de vinho deve compreender quais são os precisos componentes que se unirão para criar o produto perfeitamente combinado. Isso requer muitas considerações.

Assim, quando começo a combinar, considero o seguinte: fico atento aos vinhos com as qualidades mais esquisitas e àqueles com as qualidades mais banais. Esses são os lotes individuais no inventário de vinho que precisam de maior ajuda. Também são eles os tipos exatos de indivíduos em uma organização que precisam de mais ajuda. Os componentes do vinho, assim como os indivíduos de uma organização, se não forem ajudados, podem envenenar qualquer esforço para melhorar. E não pense que você pode simplesmente despedir esses bocós idiotas ou vendê-los por atacado, como o vinho. Relativamente falando, eles sempre estarão com você. Toda organização tem dois extremos. Assim, o coração tem de amolecer para compreender como eles precisam de ajuda. Você não faz isso sacrificando seus melhores (isso é misturar), você o faz pela sinergia do melhor (isso é combinar).

E com aquele toque correto, com aquela combinação certa, outro sonho de melhoria dentro de uma organização pode começar a acontecer.

Portanto, isso é o que fizemos, tanto no que diz respeito ao vinho, quanto no que se refere à liderança. Tudo aconteceu porque eu e outros pudemos fazer o que fazemos melhor, que é usar nossos conhecimentos para combinar o que queríamos.

De fato, depois de poucos anos produzindo o Reserva do Proprietário, nosso sonho de uma butique vinheria, que tínhamos mantido vivo, foi eclipsado. Mas, como em todos os eclipses, a luz emerge mais tarde. À época, nossa vinheria, com o uso permitido de 20 mil caixas, estava agora engarrafando 24 horas por dia e produzindo 1 milhão de caixas. Perguntei a Bruno: "Até que tamanho vamos deixar esta empresa crescer?".

A resposta? Bom, você tem de entender uma coisa sobre Bruno. Ele era um grande líder porque era um grande contador de histórias. Era talentoso para usar histórias e conseguir relacionamentos fortes. Suas histórias criavam confiança, e ele nos estimulava a compartilhar nossas próprias histórias: todas elas se tornaram uma próspera parte do tecido social de nossa vinheria. Por causa da confiança que ele inspirava e do dinâmico ambiente interpessoal que cultivava, Bruno podia contar uma história em uma única sentença e ela se tornaria nosso firme princípio de operação. Assim, Bruno respondeu minha pergunta sobre até que tamanho íamos deixar a vinheria crescer com uma de suas clássicas histórias curtas. Disse: "Bruce, tão grande quanto o mercado quiser que sejamos porque, lembre-se, quando você fizer contato com ele... corra tão rápido quanto puder, porque você pode nunca mais fazer contato com ele novamente". Essa é a história que aceitei, e isso foi o que fizemos. Com certeza, a trama se complicou.

Antes que Bruno falecesse tranquilamente durante o sono, em 1989, ele trouxe para a empresa um mestre consultor de desenvolvimento organizacional e contador de histórias chamado Jim Clark. Jim tinha um jeito de provocar nossas visões e sonhos na forma de histórias e fazer-nos acreditar nelas. Ele montou o cenário para que um grupo de trinta e poucos continuassem como parceiros gerais da vinheria depois que Bruno faleceu. Conseguimos vender mais vinho do que jamais tínhamos vendido antes. Aumentamos nosso volume de vendas para mais de dois milhões de caixas.

Fizemos isso empregando alguns mestres contadores de histórias. Jim fez com que víssemos que usávamos bons princípios e padrões e nós, como os parceiros gerais, devíamos parar de fazer tantas tarefas que podiam ser executadas por outras pessoas, e começar a administrar a vontade e a esperança da empresa.

Só para ter certeza de que compreendíamos o que ele estava dizendo, Jim nos explicou melhor. Durante uma reunião, ele nos disse: "Vocês sabem, se vocês pararem de contratar gente de fora e começarem a contratar dentro da empresa, vão ficar surpresos com o que acontece". Ele nos ensinou a dar aos funcionários as chaves para o caminho da esperança. Era assim que ele queria que liderássemos. Jim queria que criássemos condições, na vinheria, para que uma pessoa não tivesse alguém trazido de fora para ser seu chefe. Em lugar disso, aquela pessoa cresceria até se tornar um "chefe".

Coloquei a palavra *chefe* entre aspas porque considerávamos que chefes não eram aqueles que exerciam sua vontade sobre os outros, mas as pessoas que treinavam os que os iriam substituir, à medida que a empresa se expandisse. O conceito de chefe-tirano se fora e a realidade do chefe-treinador-organizador chegara. Jim plantara uma semente em nossa imaginação que se tornou uma história operacional crítica para nós.

Para mim, essa história operacional da liderança foi a gênese do que mais tarde se tornou minha visão do APO. Tomamos a história de Jim e a deixamos crescer para todos os nossos funcionários. Isso levou à criação do "Ed Center" da vinheria, que era um centro educacional com um currículo variado e professores, muitos dos quais eram nossos funcionários. Isso tornou possível aos nossos funcionários realizar o que nós estávamos fazendo como proprietários, isto é, permitia a eles treinar e contar suas próprias histórias. Eram dólares bem empregados, porque eles nos proporcionavam retornos valiosos de nossos funcionários e também dos clientes. Como sócios, estávamos fissurados no trabalho do desenvolvimento organizacional. Essa nova abordagem de combinar habilidades unificou nossa empresa na ausência de nosso patriarca.

Essa experiência como um todo me convenceu de que, no contexto do local de trabalho, pode-se fazer muito mais para o desenvolvimento humano do que estava sendo feito na época. Entretanto, o momento convergiu com tornar-se membro do que chamei *Clube 40-40*. Esse nome foi criado por uma observação que fiz: quando um número suficiente de nossos parceiros fez 40 anos e você deve ao banco US$ 40 milhões, você começa a olhar para as coisas de um modo diferente. E isso foi o que fizemos.

Um cenário factível que poderia enfocar nossa situação competitiva era a integração vertical de nossa parte e empréstimos consorciados por parte do banco. Mas decidimos não continuar com aquele cenário porque agora estávamos em um segmento que amadurecia e sabíamos que as margens se reduziriam. Além disso, era o momento certo para viver nossos sonhos originais. Assim, no final de 1993, vendemos a vinheria e a família Benziger prosseguiu de uma maneira maravilhosa.

Fui eu que enveredei pela "estrada menos viajada". Esse caminho representava um desafio maior do que eu antecipara e incluía largar o lado do poder de minha identidade profissional. Eu mudara. Antes, era o sujeito que as pessoas viam como estando no topo da organização no lado da produção, a pessoa que estava ajudando 250 famílias de produtores a fazer dinheiro suficiente para comprar um carro novo ou pagar a faculdade dos filhos. Percebi a mudança quando, pela primeira vez, levei um cano num encontro para o almoço. Agora eu era uma opção na agenda social das pessoas, e não um imperativo. Isso estava bem, era até bom para mim. Deu-me a oportunidade de deixar de lado uma identidade e começar um novo sonho.

O sonho está se formando em torno do que Jim Clark nos estimulou a sonhar: inspirar a vontade, o espírito e a esperança de todos em torno de você, de modo que eles sejam transformados em líderes. Aqui entra minha visão para criar o APO. Não estou certo de que posso fazer isso diretamente, mas tenho muita certeza de que, se houver um ambiente enriquecido para as pessoas trabalharem enquanto estiverem fazendo esse trabalho transformativo, posso aumentar as chances de que isso aconteça e permaneça.

Provavelmente a melhor maneira de fazer isso é compartilhar o que uma década de contemplação dinâmica produziu. Meus últimos dez anos de trabalho produziram um jardim informal, edificações e um ambiente reflexivo que inspira e estimula a contar histórias,

> O ambiente foi criado porque eu estava e estou no processo de elaborar minhas próprias ideias e energia ao ar livre. Desenvolvi um sonho para combinar meus feitos amadores com meu conhecimento profissional. É chamado o *ambiente para o progresso organizacional*, ou APO. Esse sonho entrelaça *hobby* e profissão e continua onde nossa força de desenvolvimento organizacional terminara, em sua forma anterior, com a Vinheria Glen Ellen.
>
> O APO está criando uma maneira de desenvolver os líderes de amanhã através do trabalho e educação que alavancam o poder de contar histórias. No APO, "combinar" e "engarrafar vinho" são metáforas para explorar os desafios e os triunfos do estado atual de negócios de uma organização. É um novo estilo de educar a mente, o coração e a vontade dos líderes de amanhã, que podem muito bem exceder todas as outras técnicas anteriores.

Comentário

A última sentença da narrativa de Bruce nos relembra que precisamos desenvolver o coração e a vontade dos líderes, não apenas suas mentes. Essa totalidade de mente, coração e vontade é um aspecto essencial da combinação e poder de cura das histórias. Nos últimos 15 anos, apareceu um campo de pesquisa emergente chamado *neurocardiologia*, que estuda as conexões entre o cérebro e o coração. Segundo os pesquisadores no Instituto HeartMath, há mais conexões neurológicas entre o coração e o cérebro do que existem dentro do cérebro em si. Os pesquisadores do instituto sublinham que nossa ênfase cartesiana – apreciada por tão longo tempo, no Ocidente – sobre os processos cognitivos ao descrever a inteligência é exagerada. O coração e o intestino são parte de um sistema de inteligência. Fiquei pasmo quando soube que, durante o desenvolvimento embrionário, há um estágio bem inicial em que as células indiferenciadas que se tornam o cérebro são conectadas a células que já exibem as batidas características de um coração que, por sua vez, estão conectadas a mais células que, finalmente, se diferenciam formando nosso estômago ou intestino.

A narrativa de Bruce pintou o quadro de um homem dedicado à busca das virtudes-chave da liderança, da consciência de si e da consciência dos outros. Através dessa habilidade de refletir sobre suas histórias, ele descobre o papel crítico que elas desempenham, ajudando-o a formar e sustentar os relacionamentos-chave para o sucesso da vinheria. Hoje, aquela paixão orienta sua visão e seu trabalho no APO, no qual os grupos são revigorados pela alquimia de combinar suas histórias e talentos singulares para prosperar com sucesso profissional e pessoalmente.

Parte II
Colocando as histórias para funcionar

Até agora, demos uma olhada conceitual para ver como as histórias funcionam. Começamos examinando três funções das histórias que são essenciais para a comunicação: as histórias dão poder ao orador e criam ambiente, codificam informações e são uma ferramenta para pensar. Expandindo o papel essencial das histórias na comunicação, discutimos mais duas funções destas que são importantes para a administração: elas exigem audição ativa e nos ajudam a negociar diferenças. A audição ativa está no âmago das histórias. Estabelecemos um princípio central deste livro:

> *Extraia as histórias de outras pessoas e as suas próprias, ouça-as ativamente e você vai melhorar as comunicações e criar relacionamentos satisfatórios, produtivos e gratificantes em todas as áreas de sua vida.*

A parte I foi concluída com uma análise do papel das histórias na liderança. Mostramos como os relacionamentos são o item mais importante do trabalho de qualquer líder. Examinamos a associação entre a consciência de si, a consciência dos outros e as histórias. Foram discutidas três funções das histórias para compreender essa associação: as histórias ajudam as pessoas a combinarem-se umas com as outras, podem ser usadas como armas e podem ser usadas para curar.

Os três capítulos da parte II oferecerão processos, ferramentas e exercícios para usar histórias com o objetivo de melhorar as comunicações e criar relacionamentos. Os capítulos 7 e 8 se focarão em técnicas individuais, e o capítulo 9, em técnicas de grupo. O capítulo 7 orientará os leitores por meio de uma série de reflexões pessoais que têm por finalidade desenvolver uma grande coleção de histórias pessoais. Embora elas sejam apresentadas sequencialmente, não têm de ser completadas em qualquer ordem em particular. Reserve um tempinho para refletir.

O capítulo 8 mostrará como encontrar as conexões entre suas histórias. Ali explicamos a importância de indexar. Uma técnica que desenvolvi, chamada *colagem de histórias*, é uma ferramenta valiosa para criar um índice forte para colocar as histórias para funcionar.

O capítulo 9 trará uma série de exercícios para usar com grupos. Ele será dividido em duas seções. A primeira possui orientações e identifica oportunidades para praticar como desenvolver, através das histórias, habilidades de observação mais intensas nas organizações. A segunda seção do capítulo apresentará 10 exercícios que podem ser usados em qualquer tipo de *workshop* ou reunião, para ajudar os participantes a desenvolverem habilidades mais fortes de contar histórias.

Os conceitos e as teorias são importantes, mas a parte II deste livro é o ponto mais essencial, o momento da verdade. Convido-o a experimentar e realmente trabalhar com histórias. Saber como as histórias funcionam na comunicação, na administração e na liderança não o tornarão mais eficaz. Você precisa arregaçar as mangas e começar a trabalhar com histórias o tempo todo, até que isso se transforme numa segunda natureza. Eu simplesmente arranhei a superfície em termos de colocar as histórias para funcionar. E aí é que sua jornada pode começar.

Por favor envie-me uma mensagem por *e-mail* em terrence@makingstories.net para compartilhar os *insights* que você revela ao longo do caminho. Com sua permissão, eu passarei suas descobertas adiante para outras pessoas, através do meu *site* na *web*: <http://www.makingstories.net>.

7 Montando um índice de histórias pessoais

Este capítulo vai guiar os leitores através de uma série de reflexões pessoais que poderão ser usadas para compreender como as experiências passadas moldam as percepções, as atitudes, as crenças e os comportamentos atuais. Você pode achar que suas interações no trabalho são separadas de sua história pessoal, mas isso não é verdade. A maneira como você vê o mundo é influenciada por experiências profundamente enterradas em sua mente.

Essas reflexões ajudarão a provocar memórias. Sua tarefa é revisá-las atenciosamente, analisá-las, ganhar novos *insights* e indexá-las para uso futuro. Fazer isso vai melhorar muitíssimo seus relacionamentos no trabalho. Você vai descobrir que é menos provável que reaja passivamente às pessoas e às situações. O que quer que esteja lhe acontecendo em qualquer determinado momento, no trabalho ou em qualquer outro lugar, será processado por outra camada de consciência que é a "mente histórica". A mente histórica considera possibilidades e procura continuamente anexar novos matizes de significado e interpretação aos eventos que observa e sobre os quais reflete.

Ocasionalmente, neste capítulo uso um exemplo pessoal. Acho que não é adequado que eu lhe peça para examinar seu passado sem compartilhar um pouco do meu. Os exemplos têm por objetivo ser ilustrações breves. A vulnerabilidade desempenha um papel importante para colocar as histórias para funcionar, para melhorar as comunicações e construir relacionamentos. Ser vulnerável nos permite ser honestos com nós mesmos e melhora nossa capacidade de nos conectarmos com os outros com maior eficácia. Compartilho algumas de minhas histórias com você para servir como exemplo e para melhorar minha comunicação fazendo uma conexão pessoal.

Olhe para além do valor aparente de suas histórias. É verdade que algumas delas não serão muito significativas. Talvez sejam breves memórias. Entretanto, muitas delas serão expressivas e, se você as examinar com cuidado, é provável que descubra coisas inesperadas. Nossas histórias pessoais são carregadas de significado potencial. Se refletirmos sobre elas, vamos descobrir novas lições e desenvolver novas teorias sobre o mundo e sobre nós mesmos. Nossas histórias pessoais nos ajudam a nos sentirmos mais integrados. Em lugar de repetir padrões indesejáveis de pensamento e comportamento, estaremos em melhores condições de adotar outros, novos. Mais ainda, poderemos reconhecer padrões semelhantes em outras pessoas. Compartilhar nossas histórias através de palavras ou ações pode ajudar outras pessoas a encontrar e contar suas próprias para ganhar novos *insights*.

Nota sobre como usar o Quadro 1

Para as seções seguintes, neste capítulo, sobre tópicos pessoais, use o Quadro 1 para capturar suas histórias. Há três colunas no quadro. Aqui está uma análise das colunas e uma explicação sobre como usá-las.

1. **Descrição** – Use algumas palavras ou frases curtas para registrar uma breve lembrança da história.

2. **Gatilho** – Escreva uma ou duas palavras que você associa à história, para ajudá-lo a lembrar-se rapidamente dela, porque será usada para indexá-la. Indexar é um passo essencial para explorar o poder das histórias. Você já olhou para a gaveta de arquivo de alguém e perguntou a si mesmo como ele consegue encontrar alguma coisa? Grande quantidade de informações precisam ser indexadas e exigem um bom sistema de arquivamento. À medida que você explorar suas histórias neste capítulo, vai encontrar grande quantidade

de informações nelas, mas se não tiver um meio de acessá-las rapidamente, elas terão pouco valor. Você precisa criar seu próprio esquema de indexação. Tentar ajeitar suas experiências no esquema de indexação de outra pessoa não funciona.

3. **Conexão/relacionamento a outras histórias e possíveis aplicações** – Registre como ela se relaciona ou está conectada com quaisquer outras. É muito comum que uma história leve a uma outra. Em segundo lugar, pense sobre quaisquer *insights* que você tenha ganho com esta e sobre quando você poderia compartilhá-la com outra pessoa.

Quadro 1

Descrição	Gatilho	Conexão-relacionamento a outras histórias e possíveis aplicações

Aqui está um exemplo. Começo o processo lembrando-me de minhas histórias pessoais.

1. Há seis anos de diferença entre minha irmã e eu. A diferença de idade não importava porque éramos muito unidos e ela me mimava tanto quanto podia. Embora não tivéssemos muito dinheiro para coisas materiais, em termos de atenção, amor e carinho eu era muito mimado. Independentemente do que minha irmã estava fazendo, ela sempre tentava me incluir em suas atividades. Se ela e suas amigas iam praticar *skate*, Franca me levava. Se as amigas de Franca queriam ir ao cinema, ela não ia com elas, a menos que concordassem que eu fosse também.

2. Desde cedo minha irmã incutiu em mim o espírito empresarial. Formamos uma companhia chamada *Diaco* (também conhecida por seu conselho diretor como *Do It All Company*)[1]. Não havia tarefa grande demais ou pequena demais para a Diaco. Se podíamos ganhar um dólar, fazíamos o trabalho. Andamos pela vizinhança distribuindo nossos cartões de visita feitos em casa.

3. Franca não tinha medo do trabalho duro. Lembro-me de que eu ia buscá-la nas noites de sábado e domingo, depois que ela trabalhara o dia inteiro na mesa telefônica do escritório da Santa Catalina High School. Ainda muito jovem, ela aprendeu a lidar com muitas personalidades e dinâmicas. Hoje, as pessoas se assombram com as habilidades dela para lidar com as pessoas. Ainda assim, pouca gente sabe todos os sacrifícios e trabalho duro atrás das qualidades que admiram tanto.

4. Pelo seu exemplo, Franca me ensinou o valor de trabalhar duro. Eu a segui e, quando fui internado em uma escola secundária, também ajudei a pagar por minha educação trabalhando na mesa telefônica, limpando classes e lavando pratos nos fins de semana.

5. Quando chegou a hora de ir à faculdade, as finanças não desanimaram Franca. Ela realizou seu sonho e foi para a Universidade de Georgetown. Com uma combinação de bolsas de estudos, empréstimos a estudantes e muito trabalho, Franca se graduou em três anos e meio.

6. A cada passo do caminho Franca me ensinou como sonhar e como trabalhar duro para realizar meus sonhos.

7. Esse exemplo contém múltiplas histórias e realça muitas das características que discutimos sobre histórias. Para começar, não há apenas uma história aqui. Há seis. Como explicado no capítulo 1, as histórias não precisam ser longas; mesmo poucas palavras podem ser uma história. Note também como uma história flui para a seguinte. Uma história engatilha a outra, e todas as histórias estão interconectadas.

Na segunda parte do exemplo, usaremos o diagrama mostrado no Quadro 2.

---

1   O autor faz um trocadilho em inglês. O nome da empresa significa "Companhia Faz--Tudo" (N. da T.).

Quadro 2

Descrição	Gatilho	Conexão-relacionamento com outras histórias e possíveis aplicações
Crescendo com a irmã Franca. Sendo mimado por ela. Formando a empresa Diaco. Vendo-a trabalhar duro. Seguindo os passos dela durante a escola secundária. Observando-a realizar seu sonho de ir para a Universidade de Georgetown.	Irmã Ser mimado Emprego de verão Escola secundária Mesa telefônica Lavando pratos Trabalho duro Sonho Faculdade	Compartilhar histórias com jovens que estão trabalhando duro para realizar seus sonhos, mas que podem, por esta ou aquela razão, sentir-se desestimulados. Usar histórias para enfatizar por quanto tempo estou trabalhando e quantas experiências tive ao longo do caminho. A história está relacionada a alguns dos outros tópicos pessoais: escola secundária, irmã, empregos de verão, trabalhar na mesa telefônica, lavar pratos, faculdade, trabalho duro, sacrifícios e sonhos.

Tópico pessoal nº 1: Infância (até os 12 anos)

É muito difícil lembrar-se dos detalhes da infância. Os anos voam e, ainda assim, muitos psicólogos do desenvolvimento afirmam que esse é o mais importante e formativo período de nossa vida. Quem somos hoje é, em grande parte, resultado das experiências do início da infância. O ambiente de nossa infância traz à tona muitas de nossas predisposições genéticas. Muitos dos nossos hábitos, pensamentos-padrão, percepções do mundo e expectativas sobre os outros são formadas naqueles anos.

Tente recapturar qualquer memória ou sensação da sua infância, não importa se foi maravilhosa, dolorosa ou simplesmente um borrão. Apesar de nossa idade, no fundo todos somos crianças. Pode ser que você se lembre do simples prazer de brincar sem qualquer cuidado ou preocupação. Quando uma atividade se torna um objetivo em si, isso pode fazer com que as pessoas sintam um tipo especial de felicidade. Talvez essa seja a mesma felicidade que buscamos e procuramos em nossa vida adulta.

Questões para orientá-lo e extrair histórias

- Quais eram os seus brinquedos favoritos?
- Como seu quarto era decorado?
- De que brincadeiras você gostava mais?
- Você tinha animais de pelúcia?
- Você tinha um amigo invisível ou imaginário?
- Quais eram suas histórias favoritas na hora de dormir?
- Quais eram seus pratos preferidos?
- Havia algum evento especial que você aguardava com prazer?
- Você tinha festas de aniversário?
- Você gostava de fingir que era um personagem ou uma pessoa?
- Você se lembra de quando perdeu seu primeiro dente? A Fada do Dente o visitou?
- Alguma vez você ficou gravemente doente ou se machucou seriamente durante a infância?
- Qual foi a coisa mais travessa que você fez?
- O que o deixou em grandes apuros?
- Quem era seu melhor amigo?
- Você tinha algum amuleto da sorte?
- Qual era sua cor favorita?
- Qual era sua canção favorita?
- Você tinha apelido?
- Qual era seu programa de TV favorito?
- Você tinha aulas de música?
- Que esportes praticava?

- Você era sócio de algum clube?
- Alguma vez você ficou terrivelmente confuso a respeito de alguma palavra ou conceito?
- Alguma vez você acampou?
- Alguma vez você tirou férias com a família?

Tópico pessoal nº 2:
Pais e irmãos

Os pais são um verdadeiro mistério. Eles têm tamanha influência sobre nós, mas nós somos muito diferentes deles. Somos uma extensão deles, mas somos únicos. Embora possamos ter traços e características físicas e emocionais semelhantes, não somos idênticos aos nossos pais ou irmãos. O mistério está em resolver como, criativamente, definimos a nós mesmos. Os pais e os irmãos são como espelhos. Podemos ver reflexos e aspectos de nós mesmos neles. Enquanto os estudamos e as nossas relações com eles, estamos procurando por sinais e dicas que nos ajudem a compreender a autopercepção da nossa identidade. Como fomos afetados por nossos pais? Que partes deles estão dentro de nós? Essas são histórias que podem ser reescritas. Com nossos filhos, tentamos construir sobre as forças dos nossos pais e identificar áreas que queremos melhorar.

Questões para orientá-lo e extrair histórias

- Que histórias você conhece sobre a infância de seus pais?
- Que coisas você fez junto de seus pais?
- Você tem qualquer memória de ir comprar alimentos ou roupas com seus pais?
- Alguma vez teve ciúme de seus irmãos? Eles tinham ciúme de você?
- O que você mais admira em seus pais?

- Que aspectos de seu relacionamento com seus pais eram difíceis?
- Enquanto você estava crescendo, houve algum acontecimento importante na vida de seus pais?
- Alguma vez você viu seus pais assustados?
- Como seus pais se relacionavam um com o outro?
- Quem eram os amigos de seus pais?
- Que passatempos ou interesses seus pais tinham?
- Que tipo de coisa aborrecia seus pais?
- Seus pais lhe davam tarefas?
- Você tinha semanada ou mesada?
- Como seus pais exprimiam afeição?
- Como expressavam raiva?
- Você era mimado de alguma forma?
- Você ou algum de seus irmãos recebeu tratamento especial?
- Seus pais eram severos?
- Que tipo de regras você tinha de obedecer enquanto crescia?
- Seus pais estavam envolvidos na comunidade?
- O que seus amigos diziam e pensavam sobre seus pais?
- Alguma vez seus pais lhe pediram desculpas?
- De que maneiras você tentava agradar seus pais?
- Quais foram alguns dos presentes mais memoráveis que seus pais lhe deram?
- Como seus pais expressavam decepção?
- Do que você se lembra com carinho sobre seus pais?

Tópico pessoal nº 3:

Avós e outros parentes

Embora eu não tenha conhecido meus avós, sinto uma conexão extraordinária com meu avô materno. Ele foi atropelado por um carro e morto quando minha mãe era pequena, bem perto do Natal. Minha avó ficou com seis crianças para criar, no meio da Depressão Americana. Todo mundo descreve meu avô como um homem jovial. Ele gostava de dançar e de cantar. Ele também gostava de sentar-se à mesa da sala de jantar contando histórias, enquanto cuidadosamente cortava uma maçã ou pedaço de fruta que compartilhava com a família inteira. De fato, recentemente herdei o velho canivete que ele usava para cortar a fruta. Nem preciso dizer que é uma lembrança valiosíssima. Ele tem sido um guardião em minha vida.

Muitas culturas reconhecem a importância dos ancestrais e têm elaborados rituais associados a eles. Eles se tornam uma parte crucial e onipresente de nossas vidas. Aprendemos sobre eles através de histórias e itens pessoais. Temos uma estranha conexão com o passado. Pode ser que seja porque sabemos que partes de nós estão trancadas em um passado que podemos só imaginar e acessar através de histórias. Reflita sobre o papel que avós e parentes desempenharam em sua vida e as histórias que sabe a respeito deles.

Questões para orientá-lo e extrair histórias

- Como era a vida de seus avós?
- Quando e como seus pais emigraram?
- Que histórias seus pais lhe contaram sobre seus avós?
- Que características físicas ou de personalidade você compartilha com qualquer de seus parentes?
- Que tipo de trabalho seus avós faziam?
- Que histórias seus avós lhe contaram?

- Que histórias seus outros parentes lhe contaram?
- Seus pais eram próximos de seus avós? Eles sempre foram próximos uns dos outros?
- Houve alguma vez brigas em família?
- Como seus avós se conheceram?
- Que lembranças ou heranças de família você tem? Quais são as histórias atrás delas?
- Se você tiver primos, a infância deles foi diferente da sua?
- Você tem uma conexão especial com algum parente? Como ela se desenvolveu?
- Você não gosta de algum de seus parentes? Como esses sentimentos se desenvolveram?
- Algum de seus parentes foi à guerra?
- Se estiverem mortos, como seus avós morreram?
- Você viu alguém em sua família sofrer de uma doença séria?
- Há algum tópico proibido ou segredo em sua família?
- Quem você mais admira na sua família?

Tópico pessoal nº 4: Animais de estimação e animais

Enquanto crescia, não tive animais de estimação. Minha mãe sempre dizia que ela tinha "animais de estimação" suficientes para cuidar com minha irmã, papai e eu. Entretanto, meu pai gosta de gatos. Sem falha, se houvesse um gato por perto, ele iria chegar até meu pai. Mesmo que não tivéssemos *pets*, sempre havia por ali um gato que meu pai adotara. O mais memorável dele foi Leo. Leo vivia com um clã de gatos vira-latas sob o edifício de música que meu pai supervisava, na base militar de Fort Ord em Monterey, Califórnia. Uma noite, todos esses gatos entraram no edifício. Leo saiu na frente do grupo e se aproximou do meu pai. Ele deve ter decidido que gostava do meu pai porque se voltou contra os outros gatos e os fez sair correndo para fora. Daquele dia em diante, sempre que Leo ouvia o som do carro do meu pai, ele saía debaixo do edifício correndo para saudá-lo e fazer-lhe companhia enquanto ele trabalhava.

Hoje, meu pai é um avô orgulhoso. Kirean, seu "neto", é um gato *maine coon*[2] que herdou de mim (meu papel como proprietário de gato não teve sucesso porque eu viajo demais). Agora, até mesmo minha mãe coloca Kirean no colo e tem com ele o que ela chama *conversas*. É incrível ver quanta alegria ele traz à nossa família.

Por que os *pets* nos afetam tão profundamente? Os animais de estimação são usados terapeuticamente e já se provou que melhoram a quantidade e a qualidade de vida das pessoas. Não faz muito tempo, assisti a uma entrevista na televisão com um menino pequeno, em que o entrevistador lhe perguntou por que os *pets* não vivem tanto quanto as pessoas. O menino respondeu que era porque, como seres humanos, nós passamos nossa vida aprendendo como ser bondosos e atenciosos com os outros e que os animais morrem antes porque eles já sabem como amar. As pessoas adoram contar histórias sobre seus animais de estimação. Não importa se você teve um *pet* ou não, reserve um minuto para lembrar-se das experiências que teve e das histórias que ouviu sobre animais.

Questões para orientá-lo e extrair histórias

- Que *pets* você tinha enquanto crescia?
- Como seus animais de estimação afetavam a vida de sua família?
- Como se sente em relação a animais de estimação?

---

2   É a mais velha raça de gato nativo americano de pelo longo, famosa por sua capacidade de caçar ratos e tolerar climas rigorosos (N. da T.).

- Como você descreveria a personalidade de seus animais de estimação?
- Algum de seus *pets* era mais próximo de alguma outra pessoa de sua família?
- Quais foram algumas das coisas engraçadas que seus *pets* fizeram?
- O que você lembra a respeito da morte de qualquer dos seus animais de estimação?
- Como você inventou o nome de seus animais de estimação?
- Como conseguiu seus *pets*?
- Seus animais de estimação eram amigos de algum dos *pets* da vizinhança?
- Como eles se comportavam em relação a outras pessoas?
- Seus animais de estimação tinham comidas favoritas?
- Onde seus *pets* dormiam?
- Quais eram os brinquedos favoritos de seus animais?
- Quais eram os jogos favoritos de seus animais de estimação?
- De que animais você tem medo?
- Quais são os animais que prefere?
- Com que animal você se identifica mais?

Tópico pessoal nº 5:
Escola secundária e anos de adolescência

Os anos de adolescência podem ser tumultuados. Passamos por muitas mudanças em pouco tempo: não somos adultos, mas também não somos crianças. Estamos em algum lugar entre um e outro. Queremos desesperadamente nossa independência, mas ainda precisamos de estrutura, disciplina e, mais que tudo, carinho cuidadoso. E a transição da escola de primeiro grau para a escola secundária? Vamos do topo de uma ordem hierárquica até o fundo. Como você se impõe e define a si mesmo durante esse período?

> A escola secundária é um tempo de lidar com novas amizades, atividades e decisões. Os adolescentes começam a desenvolver ideias fortes, valores e ideais que juram que jamais irão trair. Como adolescentes, ouvimos os outros dizerem que são esses os melhores anos de nossa vida, mas temos muito pouco para fazer comparações. O último ano ou é tão perfeito que não queremos que acabe jamais, ou é cheio de problemas: mas graduar-se e ir para a universidade é aterrorizante. Qualquer que seja a experiência, os anos de adolescência são maiores do que a vida. Os adolescentes acordam para o mundo de novas maneiras. Eles desejam ardentemente deixar sua marca, encontrando e fazendo valer sua singularidade em um mundo confuso e, muitas vezes, contraditório.

Montando um índice de histórias pessoais

Questões para orientá-lo e extrair histórias

- Do que você se lembra sobre seus primeiros dias de escola secundária?
- Você era sócio de algum clube?
- Estava em alguma equipe de atletismo?
- Como era sua rotina diária?
- Quais eram seus bares/lanchonetes preferidos?
- Como era o almoço na cafeteria?
- Alguma vez você ficou realmente em apuros?
- Você tinha algum inimigo?
- Você tinha uma "panelinha" de amigos?
- Quem eram alguns dos estudantes, professores e personalidades escolares memoráveis?
- Quem eram os estudantes mais populares?
- Por quem você se sentia atraído?
- Que experiências você teve em encontros?

- Você foi para alguma viagem de campo com a classe?
- Quais eram as matérias mais difíceis?
- De que matérias você gostava mais? De quais gostava menos?
- Quais foram suas experiências com bailes e festas na escola secundária?
- Como foi seu baile de formatura?
- Em que empregos trabalhou?
- Você participou de algum *show* ou concerto da escola?
- Quais foram suas primeiras experiências com álcool ou drogas?
- Você estava envolvido em atividades comunitárias?
- Qual era sua música favorita? Você ia a concertos?
- O que vestia para ir à escola?
- Que tipo de estudante você era?
- Como foi sua preparação para o vestibular?
- O que era mais importante para você?
- Como você passava o verão?

Tópico pessoal nº 6: Faculdade

Fui para a faculdade na Universidade Brandeis. A transição da Costa Oeste para a Costa Leste foi dramática. Eu nunca vira a gloriosa metamorfose do outono nem brincara na neve. Estivera num internato na escola secundária, por isso estava bastante acostumado a colegas de quarto e a ficar por minha conta, mas não estava emocionado por estar na escola. A escola secundária me cansara e, mesmo com bolsas de estudo e ajuda financeira, a única maneira pela qual eu podia me permitir ir à escola era trabalhando 20 horas por semana. Lembro-me de ler a lista de empregos "trabalho estudo". Eu lavara pratos, limpara classes e trabalhara na mesa telefônica para ajudar a pagar a escola secundária. Repugnava-me a ideia de trabalhar numa cafeteria novamente. Para conseguir um trabalho que pagasse melhor e fosse mais desafiador, dei uma de estudante graduado, na esperança de ser contratado como assistente de pesquisa por uma comissão de peritos. Para impressionar meu empregador em potencial, fui para a entrevista carregando uma pasta. Eles sabiam que eu não era graduado, mas devem ter ficado impressionados por minha cara de pau e determinação, porque consegui o emprego.

Depois de todos os testes padronizados, ensaios, requerimentos, visitas à faculdade e aconselhamento, os estudantes secundários estão exaustos. É surpreendente que eles ainda tenham forças para realmente frequentar a faculdade. O primeiro sabor real de liberdade, em geral, vem durante os anos de faculdade. Talvez você tenha viajado para longe, para a outra parte do país, ou talvez sua vida não tenha mudado muito. Pode ser que você tenha podido frequentar a faculdade apenas em meio período. Na minha família, ir para a faculdade era muito importante. Meu pai nunca se graduou na escola secundária, e minha mãe teria adorado ir para a faculdade, mas nunca foi.

Na faculdade a diversidade nos circunda. Somos desafiados a sair de nossas zonas de conforto. Encontramos pessoas com todo tipo de experiência e com diferentes ideias e valores. Imergimo-nos em ideias e digerimos grandes quantidades de informação. Desenvolvemos redes sociais elaboradas e, ainda mais importante, acrescentamos os toques finais à identidade que começamos a criar na escola secundária.

Questões para orientá-lo e extrair histórias

- Como foram seus primeiros dias de faculdade?
- Quem eram seus colegas de quarto?
- Como você decidiu que especialização escolher?
- Que empregos teve durante a faculdade?
- Em que atividades estava envolvido?
- Que tipo de vida social você tinha?

- Quem eram seus amigos?
- Quais eram as matérias mais difíceis?
- De que matérias você gostava mais? De quais gostava menos?
- Qual foi a pior nota que tirou?
- Como você encarava a pressão dos exames finais?
- Como passava as férias?
- Que tipo de hábitos de estudo tinha?
- Alguma vez você colou?
- O que fez para comemorar seu 21º aniversário?
- Por que mudanças passou na faculdade?
- Quem mais o influenciou?
- Qual foi a coisa mais louca que você fez?
- Que mudanças viu em seus amigos?
- Qual foi o melhor trabalho que escreveu?
- Do que você mais gostou a respeito da faculdade?

Tópico pessoal nº 7: Professores e mentores

Grandes professores deixam impressões duradouras. Eles nos desafiam e mudam a maneira como vemos o mundo e a nós mesmos. Talvez eles saibam como nos estimular, ou pode ser que vejam talentos, habilidades ou potenciais dentro de nós e se recusem a nos deixar sentados sem percebê-los. Pode ser que sejamos movidos pelo entusiasmo deles e pela sua paixão pelo ensino. Professores excepcionais sabem como tornar o ensino divertido. De alguma forma, cada aula se torna uma nova experiência. Eles atraem nossas mentes e cativam nossa imaginação.

Os mentores são orientadores especiais. Algumas vezes os encontramos, outras vezes, eles nos encontram. Eles compartilham suas experiências e nos ajudam a enfocar para responder às perguntas certas. Raramente nos dão respostas, mas nos oferecem seu tempo, energia e *insights*; o resto é por nossa conta. Pense sobre o impacto que os professores tiveram sobre você e as pessoas que desempenharam papéis importantes em sua orientação. Depois, considere como você é professor e mentor de outras pessoas.

Questões para orientá-lo e extrair histórias

- Quem eram seus professores favoritos?
- Quais eram os professores de que você menos gostava?
- Como você descreveria o estilo deles de ensino?
- Como eles o afetaram?
- Como eles afetaram outros estudantes?
- Alguma vez você lhes contou o impacto que tiveram sobre você?
- Você se sentiu atraído por algum de seus professores?
- Você recebeu tratamento especial de algum de seus professores?
- O que você aprendeu com os seus professores?
- O que você sabe sobre a vida e experiência de seus professores?
- Você decepcionou algum de seus professores?
- Algum deles o decepcionou?
- Alguma vez você pensou em ser professor? Se o fez, que matéria gostaria de ensinar?
- O que pensa sobre os professores de nossas crianças?
- Houve algum instrutor influente em sua vida?

- De que maneiras você emulou seus professores e mentores favoritos?
- Eles tinham ditados favoritos ou pequenos itens sábios de informação?
- Como a sua impressão desses professores mudou ao longo dos anos?
- Quem eram seus mentores?
- Como você os conheceu?
- Como eles o ajudaram?
- Como o papel dos mentores em sua vida mudou ao longo dos anos?
- Alguma vez você recebeu má orientação de algum mentor?
- Se você pudesse ter qualquer pessoa como mentor, quem você escolheria? Por quê?
- Como você é mentor de outras pessoas?
- Você já orientou alguém mal?
- Você se sente compelido a ajudar certo tipo de pessoas? Por quê?
- Se você pudesse passar um dia na vida de qualquer pessoa, seria na vida de quem?

Tópico pessoal nº 8: Histórias que me contaram

É mágico e eu o vejo o tempo todo. No momento em que digo "Era uma vez" ou "Deixe que eu lhe conte uma história", os olhos das pessoas se iluminam e, na hora, ganho sua atenção. Lembro-me de histórias da hora de dormir com grande prazer. Era minha hora favorita do dia: eu estava relaxado e enfiado na cama, ouvindo o som suave da voz de minha mãe lendo uma história. Eu também me lembro de correr no *playground* até suar durante o recreio da tarde e de voltar à classe para pousar a cabeça na carteira e ouvir minha professora do terceiro ano lendo um livro em voz alta. Protestávamos muito toda vez que ela parava.

> Sempre gostamos de ouvir histórias, mas é interessante notar quais se destacam em nossa mente. De quais nos lembramos e por que nos lembramos delas? As histórias são recipientes escondidos de nossos pensamentos, esperanças, crenças e receios. Refletir sobre as histórias que nos foram contadas pode ajudar a abrir recipientes emocionais de que, talvez, não nos demos conta estarem lá. Pense sobre todas as histórias que lhe contaram e que papel elas desempenham em sua psique hoje.

Montando um índice de histórias pessoais

Questões para orientá-lo e extrair histórias

- Que histórias deixaram impressão profunda em você?
- Qual foi a primeira história que lhe contaram de que você se lembra?
- Que histórias você gostava de ouvir contar inúmeras vezes?
- Quais histórias o cativaram mais?
- Em que histórias você jamais acreditou?
- Quais histórias você repetiu para outras pessoas?
- Que histórias da família lhe contaram?
- Qual foi a história mais assustadora que você já ouviu?
- Qual foi a história mais enaltecedora que você já ouviu?
- Existem histórias que você tentou, mas não conseguiu esquecer?
- Que histórias seus pais contam sobre você?
- Que histórias significam mais para você?
- Quais as histórias que o deixaram zangado?
- Você se sentiu obrigado a pesquisar alguma história que lhe contaram? Em caso positivo, quais e por quê?
- Como você adaptou ou modificou qualquer história que lhe contaram?

- Que histórias religiosas lhe contaram?
- Quais histórias religiosas tiveram maior impacto sobre você?
- Que histórias seus professores lhe contaram?
- Que histórias seus amigos lhe contaram?
- Qual é a história mais recente que se destaca em sua mente?
- Que história ou personagem de história melhor descreve você?

Tópico pessoal nº 9:
Amigos

Damos nosso coração aos nossos amigos e confiamos a eles os nossos segredos. Eles estão lá nas épocas boas e também para nos ajudar a superar os piores momentos. Com frequência entram e saem de nossas vidas ou perdemos contato com eles. Algumas vezes temos uma briga ou o que pode ter começado como uma conexão instantânea e forte simplesmente diminui. Talvez passemos longos períodos de tempo sem ver ou falar com um amigo, mas isso não causa nenhum efeito sobre a força do relacionamento.

Temos muitos associados com quem interagimos social ou profissionalmente, mas consideramos apenas algumas pessoas como amigos próximos. Os amigos são tantas coisas. Diferentes amigos preenchem necessidades diferentes. Um amigo pode ser despreocupado e divertido, e outro pode ser atencioso e sério. Para um vamos na hora de necessidade, e para outro vamos em tempo de alegria. Os amigos são reflexos de diferentes aspectos de nós mesmos. Você já ouviu o ditado "Diz-me com quem andas que eu te direi quem és"? Reserve algum tempo para pensar sobre os diferentes papéis que os amigos desempenharam em sua vida.

Questões para orientá-lo e extrair histórias

- Quem eram os seus amigos de infância? Como você os conheceu?
- Quem eram seus amigos na escola secundária? Como você os conheceu?
- Quem eram os seus amigos na faculdade? Como você os conheceu?
- Em que tipo de travessura você se meteu com seus amigos?
- Quais eram os aspectos fortes desses relacionamentos?
- Como os relacionamentos mudaram ao longo do tempo?
- Seus pais não gostavam de algum de seus amigos? Por quê?
- Quem são seus amigos agora? Como você os conheceu?
- Quem é seu melhor amigo? Por que você o considera assim?
- Você já teve alguma briga com um amigo?
- Quais foram as piores brigas que você teve com amigos?
- Você já perdeu algum amigo?
- Alguma vez você machucou um amigo intencionalmente?
- Alguma vez você machucou um amigo sem querer?
- Você tem ciúme de qualquer de seus amigos?
- Seus amigos têm ciúme de você?
- Que interesses e atividades você compartilha com seus amigos?
- Quais são algumas das coisas mais memoráveis que os amigos fizeram por você?
- Como você ajudou seus amigos?
- Alguma vez você recebeu um mau conselho de um amigo?
- Alguma vez você deu um mau conselho a um amigo?
- Há coisas que você gostaria de ter confidenciado a um amigo?
- Como suas amizades o mudaram como pessoa?

Tópico pessoal nº 10:

Decepções e traição

As decepções podem ser devastadoras. Quando alguém nos promete alguma coisa, esperamos que a promessa seja cumprida. As promessas são matizes da esquiva segurança pela qual ansiamos em nossa vida. O futuro não pode ser totalmente desconhecido. Não deveria haver algumas coisas com que pudéssemos contar? Como crianças, poderia ser a antecipação de saber que nossos pais vão nos levar a algum lugar, fazer alguma coisa conosco ou comprar alguma coisa para nós.

As decepções doem dos dois lados. Nunca vou esquecer uma valiosa lição em decepção que aprendi com a sra. Lutz, minha professora da sexta série. Ela realmente acreditava em mim. Ela me estimulou a participar do concurso de ensaios Filhas da Revolução Americana, que venci nos níveis escolar, local, regional e estadual. Depois disso, comecei a pisar na confiança dela, entregando tarefas atrasadas e malfeitas. Ela tornou bem claro que estava decepcionada comigo e que eu tinha traído sua confiança. Saber que você decepcionou alguém é um sentimento horrível. As decepções vêm sob todas as formas e tamanhos, mas as traições são as piores. Claro, ninguém pode ter confiança sem a possibilidade de traição: as duas andam de mãos dadas. Entretanto, nosso mundo vira de cabeça para baixo quando alguém nos trai. A confiança nos torna vulneráveis e sempre que nos tornamos vulneráveis podemos facilmente ser magoados. Devemos ter esperança de que as traições não nos endureçam, nem nos deixem relutantes em confiar nos outros, ou em nós mesmos.

Questões para orientá-lo e extrair histórias

- Que promessas lhe foram feitas e não cumpridas?
- Que promessas você fez e não cumpriu?

- Algum de seus professores se decepcionou com você?
- Você alguma vez decepcionou seus pais?
- Como seus amigos o decepcionaram?
- Como você decepcionou seus amigos?
- Como você decepcionou seu cônjuge?
- De que forma você decepcionou seus filhos?
- Como você decepcionou a si mesmo?
- Quando você se sentiu traído na vida?
- Que mentiras contou a seus amigos?
- Que mentiras contou à sua família?
- Que mentiras contou aos seus colegas?
- De que maneiras você traiu a confiança do seus amigos?
- De que maneiras você traiu a confiança do seu cônjuge?
- De que maneiras você traiu a confiança de alguém da sua família?
- Você conseguiu ganhar de novo a confiança dessas pessoas? Em caso positivo, como?
- Em que ideias você acreditou com força?
- Você se decepcionou pelo fracasso de qualquer de suas ideias?
- Com que causas você esteve envolvido?
- De que maneiras você se decepcionou com qualquer dessas causas ou ideais?
- Que eventos em sua vida, de alguma forma, o deixaram desconfiado?
- Que eventos em sua vida, de alguma forma, o tornaram cínico?

Montando um índice de histórias pessoais

Tópico pessoal nº 11:
Primeiro amor

Como podemos esquecer os sentimentos esmagadores de nos apaixonarmos pela primeira vez? O mundo se torna um lugar mágico. Ficamos convencidos de que estamos destinados a ser o próximo grande casal romântico e fazemos votos de nunca deixar que qualquer coisa se interponha entre nós. Algumas vezes nos casamos com nosso primeiro amor. Outras vezes, o fracasso de um primeiro amor nos força a crescer dolorosamente de maneiras que jamais teríamos imaginado. Qualquer que seja a experiência, nunca mais seremos os mesmos.

Eu sempre fui propenso a me "enrabichar" na escola e, mesmo no segundo grau, eu era namorador. Meu primeiro grande amor foi Kveta (ou *Tuska*, como a família e os amigos a chamavam com afeto). Conheci-a no final do último ano na faculdade. Os longos cabelos loiros, as características faciais distintas e o intelecto perspicaz cativaram minha imaginação. Começou com um flerte inocente, mas logo nossos interesses e valores mútuos atiçaram uma conexão poderosa. Passamos dois verões completamente absorvidos um pelo outro. Fazíamos tudo juntos e nossas atividades iam de pintar a casa da fazenda da família, cozinhar lautas refeições, ir a museus e concertos, fazer caminhadas e praticar esgrima até dar concertos de piano e canto, gratuitamente, em clínicas de repouso.

Passamos o resto desses dois anos separados um do outro. Num ano, eu estava na Hungria fazendo pesquisas com uma bolsa de estudos e, no outro, Tuska passou o primeiro ano da faculdade estudando na Alemanha. Escrevemos longas notas e registros em diários um ao outro, quase todos os dias em que estávamos separados. Mas não conseguimos chegar ao terceiro verão. Finalmente, a distância e o processo de crescimento em diferentes direções apagaram nossas chamas. Embora o rompimento fosse doloroso, entesourou o tempo que passamos juntos. Aquele primeiro amor me preparou para os amores futuros. O amor pode ser nossa grande vocação. Não ter amado é uma grande tragédia. Pense em suas experiências com o amor e tente compreender como elas o modificaram.

Questões para orientá-lo e extrair histórias

- Como você conheceu seu primeiro amor?
- O que o atraiu para ele?
- O que seus amigos e família pensavam sobre seu primeiro amor?
- Como esse relacionamento acabou?
- Como foi a sua primeira experiência sexual?
- Alguma vez alguém partiu seu coração?
- Alguma vez você partiu o coração de alguém?
- Alguma vez você amou alguém sem ser retribuído?
- Como sua experiência do primeiro amor mudou suas crenças sobre este?
- Alguma vez você se apaixonou mas não teve condições de agir de acordo com seus sentimentos?
- Quais foram algumas das pessoas com quem você teve encontros?
- O que você achava mais atraente sobre essas pessoas?
- Alguma dessas pessoas permaneceu seu amigo?
- Como você conheceu seu cônjuge?
- Que tipo de coisas vocês fizeram juntos enquanto namoravam?
- Que experiências ajudaram seu relacionamento marital a se desenvolver?
- Alguma vez você se divorciou? Que tipo de coisas causaram o fracasso do casamento?
- Alguma vez você ficou tentado a enganar seu cônjuge?

Montando um índice de histórias pessoais

Tópico pessoal nº 12:

As coisas mais difíceis

A vida não é fácil. Cada estágio da vida apresenta desafios. Até mesmo nosso primeiro momento de vida é difícil. Para um bebê confiante, deixar o útero materno e inspirar ar pela primeira vez é uma enorme empreitada. Algumas vezes parece que os problemas nos acompanham como nuvens escuras, nunca nos deixando em paz e nunca nos permitindo ficar confortáveis com quem e como estamos.

Não importa o quanto possamos estar à vontade em uma situação, sempre há algumas outras, novas, esperando para nos levar ao nosso limite. Um atleta, por exemplo, aprende como respeitar os limites de seu corpo e mente, mas também nunca assume que esses limites não possam ser desafiados. Tome o exemplo dos pioneiros. Eles conhecem os benefícios de mapear novos territórios e se dão conta de que o *status quo* nem sempre é aceitável. Relutam em deixar que a complacência e a estagnação governem o dia. Os atletas e os pioneiros podem estar no extremo final do espectro, mas o que podemos aprender com eles é que os desafios mais difíceis são aqueles que mais nos ajudam a crescer.

Talvez tenha havido uma fase em sua vida que foi difícil. Como você lidou com as pressões que foram geradas? Talvez sua família se mudou e você perdeu todos os seus amigos, ou talvez seus pais se divorciaram. Talvez tenha sido uma matéria na escola ou uma transição pela qual passou na vida. Não queremos nos estender sobre as coisas difíceis, mas queremos ter consciência de como elas nos desafiaram e nos ajudaram a nos estirar em novas direções.

Questões para orientá-lo e extrair histórias

- Quais desafios você está encarando na vida, agora?
- Quais são algumas das coisas mais difíceis que você jamais teve de fazer?
- Quais são algumas das coisas mais difíceis que você jamais teve de dizer a alguém?

- Houve situações difíceis em sua vida que você evitou?
- Há coisas difíceis que você tem receio de tentar fazer?
- Que coisas difíceis você tentou fazer, mas fracassou?
- Como você lidou com os desafios difíceis em sua vida?
- Qual foi a fase mais difícil de sua vida?
- Como as outras pessoas o ajudaram?
- Como as outras pessoas o levaram a atacar coisas difíceis?
- Qual foi a lição mais difícil que você aprendeu?
- Quais são as coisas difíceis que você fez que o surpreenderam?
- Quais foram alguns dos maiores obstáculos para conseguir seus objetivos?

Tópico pessoal nº 13:
Tempo sob os refletores

Sempre fui um ator amador. Lembro-me da emoção que senti, no jardim de infância, quando tive o único papel falante como o chefe dos duendes na peça de Natal. Aquela primeira experiência de estar sob os refletores me viciou.

O sucesso é doce. Tanto os introvertidos como os extrovertidos amam ser reconhecidos e apreciados pelos outros. Cada pessoa é única e tem talentos especiais. Cedo ou tarde, chega uma hora em que nossos dons e experiências são necessários. Contribuir com eles afirma nossa identidade e nos relembra que somos especiais. Talvez os refletores brilhem sobre nós, não tanto para que outras pessoas nos vejam, mas para que nós nos vejamos mais claramente.

Nem sempre os refletores são grandes e brilhantes. Algumas vezes um simples elogio ou observação fugaz nos deixa extasiados por dias a fio. O que aconteceu naquelas vezes em que você pensou que merecia estar sob os refletores e, de alguma maneira, alguém roubou a atenção e o reconhecimento que você merecia? Ou talvez você estivesse sob os refletores porque fizera algo negativo.

> Muitas pessoas tendem a minimizar seu sucesso, ou sentir que ele é insignificante comparado ao sucesso de outras pessoas. Mas nós precisamos manter nossos troféus polidos e na vitrina. Conhecer nossas histórias de sucesso nos dá força e nos capacita a apreciar e reconhecer a contribuição de outras pessoas. Reserve algum tempo para relembrar seus sucessos.

Questões para orientá-lo e extrair histórias

- Que prêmios você ganhou na vida?
- Qual foi um dos maiores elogios que você já recebeu?
- Que realizações o deixaram extremamente orgulhoso?
- Como seu comportamento foi afetado por estar sob os refletores?
- Você já esteve sob os refletores e sentiu que não merecia isso?
- Você alguma vez achou que alguém lhe roubou os refletores?
- Você fez alguma coisa pela qual queria reconhecimento, mas nunca o recebeu? Alguma vez você foi assunto de um artigo de jornal? No rádio? Na televisão?
- Alguma vez você deu os refletores a alguma outra pessoa propositadamente?
- Alguma vez você fez de tudo para tentar ser popular?
- Quando você foi o centro de atenção?
- Você teve ciúme de outras pessoas sob os refletores?
- Você esteve sob os refletores por alguma coisa negativa?
- Quais foram suas maiores realizações profissionais?
- O que as pessoas mais admiram em você?
- Que talentos ou dons você possui aos quais dá maior valor?
- De que forma você reconheceu os talentos e contribuições de outras pessoas?

> **Tópico pessoal nº 14:**
> **Morte**

Nada nos prepara completamente para a morte. Ainda assim, podemos ter certeza: nós vamos morrer, e todo mundo que é importante para nós vai morrer. Está na natureza das coisas.

Quando somos jovens, estamos certos de sermos invencíveis. A morte é a coisa mais longínqua de nossa mente. Em alguma altura, a morte mostra a cara pela primeira vez. Lembro-me das minhas duas primeiras experiências com a morte. Eu tinha cerca de oito anos quando encontrei morto um gatinho recém-nascido. Fiquei paralisado e dominado pela tristeza. Pensei comigo mesmo: "Como uma coisa tão inocente e frágil podia morrer?". Enterrei o gatinho e dirigi uma elaborada cerimônia para isso, mas a imagem do gatinho sem vida me assombrou por longo tempo. Alguns anos depois, uma das irmãs do meu pai morreu. Minha mãe tentou me preparar para o que eu ia ver e sentir no funeral. Mas nada poderia ter me preparado para a visão do meu pai chorando incontrolavelmente.

A vida é frágil e efêmera. Se tudo o mais é um alvo móvel, pelo menos a morte com certeza pontua nossas vidas. A inevitabilidade da morte desperta um desejo de deixar nossa marca no mundo: queremos nos certificar de que seremos lembrados. E isso é o que as histórias nos garantem.

Reserve um momento para refletir sobre como a morte tocou sua vida.

Questões para orientá-lo e extrair histórias

- Qual foi o seu primeiro encontro com a morte?
- Você já passou por uma situação em que sua vida estava ameaçada?
- Enquanto você era criança, como lhe descreveram a morte?
- Algum de seus amigos morreu?

- Você viu algum de seus amigos lidar com a morte?
- Você viu seus pais lidarem com a morte?
- Quando você se deu conta de que seus pais, um dia, morreriam?
- Quando foi a primeira vez que você se deu conta de que um dia morreria?
- Você passou muito tempo em hospitais?
- Alguma vez você viu alguém morrer?
- Você já viu um animal morrer ou sofrer?
- Como você explicou a morte a seus filhos?
- Como a idade o afetou? E a seus amigos? E à sua família?
- Como você acha que a morte é?
- Você acredita em vida após a morte?

Tópico pessoal nº 15:
Atos de generosidade

A despeito de quanta independência pensamos ter ou queiramos ter, precisamos da ajuda dos outros. Nossas vidas estão inextricavelmente interconectadas. Olhe para um objeto próximo de você e pense sobre todas as histórias que representa. Por exemplo, seu carro. Você consegue imaginar como seu carro foi desenhado e todas as pessoas, tecnologias e *know-how* necessários para criá-lo? Como ele foi processado? Tudo o que temos e tudo o que podemos fazer é resultado de elaborados relacionamentos interdependentes. Goste você ou não, precisamos uns dos outros para sobreviver.

Nosso primeiro encontro com a generosidade decorre de nossos pais. Qualquer que tenha sido nossa experiência, é provável que jamais possamos reembolsar nossos pais por todo o tempo, energia e cuidados que nos dispensaram. Os pais não são perfeitos, mas a maior parte deles faz sacrifícios e cobre os filhos com atos de amor e generosidade.

> Durante nossa vida, encontramos pessoas que nos ajudam de maneiras inesperadas. Algumas vezes a ajuda vem sob forma de atos importantes, e algumas outras, de forma menos elaborada, nas pequenas coisas que as pessoas dizem ou fazem para nós. Sempre fico tocado pela generosidade e hospitalidade que as pessoas me oferecem quando viajo. As pessoas têm orgulho de onde vivem, e gostam de compartilhar suas casas.
>
> Dar a outras pessoas e ser generoso faz com que nos sintamos bem com nós mesmos. Há algo maravilhoso e, talvez, simplesmente humano em ajudar os outros. Tente lembrar-se de quando as pessoas foram generosas com você e de que maneiras e de como você foi generoso com elas.

Questões para orientá-lo e extrair histórias

- Como as pessoas foram generosas para com você?
- Qual foi a coisa mais generosa que você já fez?
- Qual foi a coisa mais generosa que você viu alguém fazer?
- Como as pessoas o ajudaram quando você estava viajando?
- Que coisas generosas você viu seus pais fazerem pelos outros?
- Como seus amigos foram generosos para com você?
- No trabalho, como as pessoas foram generosas para com você?
- No trabalho, como você foi generoso para com as outras pessoas?
- Houve vezes em que você não foi generoso?
- Houve vezes em que você não aceitou o ato de generosidade de alguém?
- Você está ativamente envolvido em sua comunidade?
- Quais foram os seus atos de generosidade memoráveis?

Tópico pessoal nº 16:

Mágoas e dor

Preferimos esquecer experiências dolorosas. A dor pode assumir muitas formas diferentes. Pode ser física, emocional ou psicológica. A dor pode não ser desejável, mas desempenha um papel importante em nossas vidas.

A dor física assegura que estamos em contato com as necessidades de cura do nosso corpo. Aprendemos com nosso corpo que, se ignoramos a dor, as coisas só ficam piores. Dessa maneira, a dor é uma bênção disfarçada: é uma indicação sintomática de alguma coisa que é mais urgente e requer nossa atenção. Temos de prestar atenção às nossas dores, ou elas se transformarão em obstinados demônios.

Não devemos enterrar nossas dores, mas transformá-las em novas lições que aprendemos. Podemos nos aprofundar através de nossas experiências com a dor. Todo mundo sofre, de uma maneira ou de outra, é uma parte comum da experiência humana. Outros podem se beneficiar com nossas batalhas. Estando em contato com nossas experiências dolorosas, podemos ficar mais despertos em relação à dor e ao sofrimento de outras pessoas. É uma experiência poderosa olhar nos olhos de alguém e compreender o que ele está sentindo e pelo que está passando. Nossas experiências com a dor nos permitem estender a mão às outras pessoas. Entretanto, primeiro precisamos olhar para dentro de nós e examinar nossas próprias mágoas e dores.

Questões para orientá-lo e extrair histórias

- Alguma vez você foi seriamente ferido?
- Que coisas em sua vida lhe causaram dor?
- Como outras pessoas o feriram?
- Houve um tempo em sua vida que era doloroso?
- Como você conseguiu atravessar essa época dolorosa?

- Você já tentou, propositadamente, ferir uma pessoa?
- Alguém já tentou, propositadamente, ferir você?
- Que experiências dolorosas você viu outras pessoas atravessarem?
- Que coisas dolorosas as pessoas já lhe disseram?
- Como você feriu outras pessoas com suas palavras?
- De que maneiras sua falha em dizer ou fazer alguma coisa machucou alguém?
- Qual a dor que você mais teme?
- Quais as dores que você viu sua família suportar?
- Como você ajudou outras pessoas em seus tempos de dor?
- Você tem alguma memória dolorosa mal resolvida?

Tópico pessoal nº 17:
Injustiça

"Quem disse que a vida é justa?" A vida está recheada de injustiças. Nunca vou esquecer uma de minhas primeiras experiências com a injustiça. Quando eu tinha cerca de 11 anos, entrei no *show* de talentos das crianças da Feira do Condado de Monterey. Decidi cantar *Tie a Yellow Ribbon Round the Ole Oak Tree* ("Amarre uma fita amarela em torno do velho carvalho"). Criei uma completa rotina, que incluía até dança. Havia apenas um problema. No último minuto, meu pai teve de trabalhar e não pôde tocar piano para mim. Determinado a não permitir que aquilo estragasse meu número, decidi executá-lo sem acompanhamento. Deixando a humildade de parte, fui imensamente aplaudido, mas os juízes me deram segundo lugar. O primeiro lugar foi para uma equipe bonitinha de um casal de irmãos dançando. A estação de TV local obviamente achou que eu tinha sido injustiçado, porque levaram ao ar a maior parte do meu número no noticiário da noite e nem ao menos mencionaram os dois vencedores.

> Quando percebemos que muitas coisas na vida não são justas é um duro despertar. Temos sede de justiça. Quanto mais jovens formos, mais resolutamente nos agarramos a algum ideal de justiça. Platão fazia sentido quando definiu justiça como "ter e fazer o que é o próprio dever". Para Platão, a justiça é fluida. Em outras palavras, nenhum conjunto de regras jamais capturará adequadamente todas as circunstâncias ou exigências. Aprendemos a nos dar conta, gradualmente, de que algumas vezes se alcança a igualdade através da desigualdade. Reserve alguns momentos para refletir sobre todas as injustiças que experimentou. Como você lidou com essas experiências? Há algum modo pelo qual você perpetuou as injustiças que experimentou?

Questões para orientá-lo e extrair histórias

- Alguma vez você trapaceou?
- Alguma coisa já foi roubada de você?
- Você foi afetado de modo adverso pelas trapaças de outras pessoas?
- Alguma vez você foi injustamente acusado?
- Quando criança, alguma vez você foi punido por algo que não fez?
- Alguma vez você se sentiu discriminado?
- Você já discriminou alguém?
- Que injustiças testemunhou?
- Quando você se beneficiou de tratamento preferencial?
- De que maneiras seus pais o trataram injustamente?
- Você já foi tratado injustamente de alguma forma no trabalho?
- Alguma vez você foi tratado injustamente por qualquer de seus professores?

Tópico pessoal nº 18: Momentos de alegria e prazer

Espero que memórias de alegria e prazer venham rapidamente à mente. Esses são os nossos tesouros. Em tempos de dor, privações, dúvidas ou medos podemos rememorar momentos felizes para nos confortar e nos lembrarmos de que as coisas podem e vão ficar melhores.

Alegrias e prazeres se apresentam sob muitas, e diferentes, formas e sabores. Há as alegrias simples, como apreciar um belíssimo dia ou a companhia de um bom amigo. As alegrias também vêm quando alcançamos objetivos difíceis. Se desengrenarmos o zumbido de nossa mente que distrai e, frequentemente, é negativo, descobriremos um mundo recheado de maravilhas, alegrias e prazeres.

Questões para orientá-lo e extrair histórias

- O que lhe dá prazer?
- Quais foram alguns eventos memoráveis e prazerosos de sua vida?
- Quando você foi mais feliz?
- Qual foi o momento mais feliz da sua vida?
- Que realizações lhe deram prazer?
- De que maneiras você compartilhou sua alegria com outras pessoas?
- Que atividades você aprecia?
- Você já despendeu tempo apreciando a natureza?
- De que modos a música e a arte lhe trouxeram prazer?
- De que maneira sua família tem sido uma fonte de alegrias?
- Quais foram as épocas especiais que você desfrutou com seu cônjuge?
- Como você procura alegria em sua vida?

Tópico pessoal nº 19:

Festas religiosas

As festas são tempos especiais. Nossa rotina diária é interrompida por ocasiões especiais. Em geral as compartilhamos com uma comunidade, mas, mesmo se as passamos sozinhos, percebemos que estamos conectados a outras pessoas, que também estão observando as festas, que podem ser religiosas ou seculares, mas, de qualquer maneira, enfocam nossa atenção de maneira singular.

Em geral há tradições associadas às festas: talvez sejam coisas que dizemos, fazemos ou comemos. Essas tradições nos fornecem continuidade: nós as aguardamos com prazer porque elas nos dão segurança e fornecem estrutura à nossa vida.

Como você passou as festas e o que elas significaram para você? Enquanto pensa sobre suas histórias, não se esqueça de incluir outras festas, como aniversários e férias de verão.

Questões para orientá-lo e extrair histórias

- Quais são suas festas favoritas?
- Que tradições natalinas sua família tinha?
- Havia pratos ou rituais especiais?
- Há relíquias de família ou objetos associados a qualquer das festas?
- Como suas tradições natalinas mudaram, com o passar dos anos?
- Algumas festas têm significado religioso para você?
- Como você aprendeu histórias religiosas associadas ao Natal?
- Quais foram alguns de seus Natais mais memoráveis?
- Como você celebrou feriados nacionais indicativos de seu *background* cultural?

- Você já passou um Natal sozinho?
- Como você celebrou alguns de seus aniversários?
- Como você passou suas férias de verão?
- Sua família saiu em férias?
- Você já se decepcionou em algum período de férias?

Tópico pessoal nº 20: Alimento e refeições memoráveis

O alimento é uma coisa gloriosa. Crescer em uma família italiana, em que comer é uma parte fundamental da vida diária, fez-me apreciar a comida com entusiasmo. Comer é uma atividade sensual. Sempre me entristeço quando encontro pessoas que consideram comer uma tarefa de rotina. Há um número de refeições finito na nossa vida, e meu lema é aproveitar ao máximo cada uma delas. Que papel o alimento desempenha em sua vida? Todos nós temos coisas de que gostamos e de que não gostamos. Como você desenvolveu algumas de suas preferências atuais?

Preparar e compartilhar refeições com a família e bons amigos é uma das atividades mais prazerosas da minha vida. Quando não estou envolvido no preparo ou no consumo de uma refeição, adoro trocar pilhérias com outros aficionados pela culinária. As refeições, com frequência, são organizadas para celebrar ocasiões especiais mas, ainda assim, uma refeição não precisa ser elaborada para ser memorável. Posso me lembrar dos prazeres de tomar banho de sol imerso em profunda conversação com um bom amigo enquanto consumíamos um filão de pão, um tomate, um pouco de queijo e chocolate.

Que refeições foram memoráveis para você? Pense além de alimentos deliciosos. Refeições memoráveis podem ser muito mais do que isso. Elas incluem conversas íntimas, amigos queridos, família, interlúdios românticos, ocasiões significativas ou as alegrias de explorar um novo país.

Questões para orientá-lo e extrair histórias

- Quais são alguns de seus alimentos favoritos?
- Quando e como você foi apresentado a esses alimentos?
- Quando criança, o que você gostava de comer?
- Como você desenvolveu algumas de suas preferências alimentares atuais?
- Há algum alimento que você não come? Em caso positivo, por quê?
- Você já teve intoxicação alimentar?
- Você é alérgico a algum alimento? Em caso positivo, quando e como você descobriu isso?
- Você tem memórias de ir comprar alimentos com seus pais?
- Quais foram algumas das refeições mais memoráveis que preparou?
- Como você descobriu alguns de seus restaurantes favoritos?
- Você já revirou mundos e fundos para encontrar um determinado alimento?
- Você se lembra de qualquer conversação em particular que ocorreu durante uma refeição?
- Você já tomou alguma importante decisão durante uma refeição?
- Quais foram algumas de suas refeições mais memoráveis enquanto viajava?

Tópico pessoal nº 21: Automóveis e casas

Os automóveis transformaram o mundo em um lugar menor e mais acessível. Eles nos dão mobilidade e um senso de liberdade. Quando crianças, ansiamos por essa liberdade e os automóveis a tornam possível. Aprender a dirigir foi emocionante para você? E o seu primeiro carro? Pense sobre o papel que os automóveis desempenharam em sua vida e algumas de suas memórias associadas a eles.

> Nossa casa deve ser um santuário, um céu cheio de paz que nos fornece conforto e calor. Em alguma altura, a maior parte das pessoas anseia por construir um ninho seguro. Nós nos esforçamos para criar um espaço que expresse quem somos. Podemos ter vivido em muitas casas, e cada uma delas é uma rica fonte de memórias. Onde vivemos e as condições em que vivemos moldam nossas atitudes sobre o significado do lar. Pode ser um primeiro apartamento, ou a primeira vez vivendo sozinho. Talvez tenhamos memórias vívidas da vizinhança em que estávamos. Visualize todos esses lugares em que você viveu e faça um passeio na paisagem emocional do lar.

Questões para orientá-lo e extrair histórias

- Como foi o processo de aprender a dirigir?
- Você gostava de dirigir correndo?
- Quais são as histórias por trás de qualquer multa por excesso de velocidade que você recebeu?
- Qual foi o primeiro carro que comprou?
- Alguma vez ficou sem gasolina?
- Que viagens você fez de carro?
- Você se lembra de dirigir durante tempestades ou mau tempo?
- Você passeava de carro com seus amigos?
- Você ia a cinemas *drive-in*?
- Já teve algum acidente?
- Do que você se lembra da(s) casa(s) em que vivia quando criança?
- Como eram decoradas essas casas?
- Quais são as melhores lembranças que tem a respeito dessas casas?
- Você tem alguma lembrança má ou triste associada a essas casas?

- Do que você se lembra da vizinhança em que cresceu?
- Quem eram algumas das pessoas mais memoráveis da vizinhança?
- Quando você se mudou da casa da família?
- Em que lugares você viveu ao longo dos anos?
- Alguma vez você viveu sozinho?
- Qual era sua moradia favorita? Por quê?
- O que o influenciou a decorar sua casa, hoje, do modo como o fez?
- Quais são algumas das coisas mais importantes na casa que a tornam especial para você?
- Há algumas histórias especiais sobre como você adquiriu essas coisas?

Tópico pessoal nº 22:

Livros e Filmes

Ainda me lembro de quando entrei na Biblioteca Pública de Monterey pela primeira vez. Estava fascinado com as prateleiras de livros em toda a volta. Cada livro era uma aventura e eu queria devorá-los todos. Ler é tão gostoso! Lembro-me de um episódio de *Zona do Crepúsculo* na TV: era a história de um banqueiro com óculos de chifre que só queria ficar sentado, sem ser perturbado, na caixa-forte do banco, lendo. Houve um ataque nuclear e todo mundo na cidade morreu, com exceção dele. Ficar na caixa-forte do banco lhe salvara a vida. O solitário banqueiro desesperado perambula pela cidade dizimada até topar com a biblioteca. A imagem final do episódio mostra-o com uma expressão absolutamente feliz porque, finalmente, pode ler em paz, sem ser perturbado. Enquanto ele alcança um livro, seus óculos escorregam pelo nariz e se quebram em mil pedaços.

Certos livros ou filmes ressoam de maneira especial. Muitas vezes podemos nos relacionar melhor com nossos próprios desafios e dilemas elaborando-os indiretamente através dos personagens de um

> livro ou de um filme. Algumas vezes um livro ou filme podem simplesmente nos transportar para lugares longínquos e fantásticas aventuras.
>
> Que livros e filmes se destacam em sua mente? Como os personagens e as situações se relacionam com você? O que o atrai para esses livros e filmes? Há algum tema comum nesses livros e filmes? Se houver, quais aspectos de sua vida estão codificados neles?

Questões para orientá-lo e extrair histórias

- Quais eram os seus livros preferidos quando criança? Por quê?
- Quais são alguns de seus livros preferidos agora? Por quê?
- De que parte dos livros você mais gostou?
- Houve certos livros que significaram mais para você em certas épocas?
- Qual foi o primeiro filme que você viu?
- Quais são seus personagens preferidos de livros ou filmes?
- Se você pudesse entrar em qualquer livro ou filme, qual escolheria? Por quê?
- Se você pudesse ser qualquer personagem, de qualquer livro ou filme, quem escolheria ser?
- Com que personagens você se identifica mais?
- Alguém já o comparou com um personagem de livro ou filme?
- Se você fosse escrever um livro, seria a respeito de quê?
- Se você fosse fazer um filme, seria a respeito de quê?

8 Colagem de histórias

Este capítulo dará ideias de como encontrar conexões entre histórias. Isoladamente, as histórias são como ilhas sem pontes – têm valor limitado para nós ou para qualquer outra pessoa. As histórias se desencadeiam por conversações compartilhadas sobre experiências e são ressuscitadas com base em um índice. Um índice rico, que seja bem cruzado, aumenta a probabilidade de encontrar uma história significativa quando for preciso. Compartilhar histórias espontaneamente, na situação correta e no momento adequado, é uma prática importante para colocar as histórias para funcionar. E a espontaneidade ao contar histórias é um produto de preparação e reflexão. Um músico de *jazz* pode fazer com que as improvisações pareçam fáceis, mas são necessárias horas de estudo e prática para produzir essa ilusão: as histórias não são diferentes.

Roger Schank (1995, p. 26-27) descreve a importância do índice e a sua relação com a inteligência desse modo:

> *As histórias estão por toda parte, mas nem todas as histórias parecem histórias. Se você considera que uma história foi um assunto preparado previamente para ter algo a dizer, algo que você disse antes, ou ouviu outra pessoa dizer, então grande parte da conversação é simplesmente contar histórias mutuamente. Mais ainda, se a maior parte do que dizemos está em nossa memória sob forma de histórias previamente preparadas, a maneira como olhamos para a natureza da compreensão e o que significa ser inteligente deve mudar. Ser muito inteligente é ter uma grande quantidade de histórias para contar? É adaptar superficialmente histórias irrelevantes tornando-as relevantes, ou seja, encontrar uma história em um domínio e aplicá-la, por analogia, a uma outra? Pode ser que isso*

signifique combinar histórias e fazer generalizações a partir delas ou, talvez, a inteligência esteja corporificada no processo inicial de colecionar histórias para contar.

Schank sugere que a inteligência não é definida pela coleta ou armazenagem de muitas informações, mas pela habilidade de indexar experiências de múltiplas maneiras e pela capacidade de descobrir as relações entre experiências, em diferentes domínios. A marca da inteligência é a habilidade de coletar histórias e refletir sobre elas com regularidade, para ganhar novos *insights* continuadamente.

O capítulo anterior descreveu um processo para desenvolver uma coleção de histórias pessoais. Esse é o alicerce. Agora precisamos desenvolver um índice para elas, descobrir temas importantes a partir delas e procurar relações entre elas. A habilidade de conectar os depoimentos de maneiras novas lhes renova a vida e torna possível a oportunidade de aprender continuamente com elas. Nossas histórias se tornam campos férteis para reflexões pessoais, modelos para novo aprendizado, ricos cofres de material para comunicações e a base sobre a qual relacionamentos são criados e sustentados.

Introdução à colagem de histórias

Em meu trabalho com organizações, desenvolvi uma técnica chamada *colagem de histórias*. É uma forma de fazer *brainstorming* com elas. A ideia é pegar histórias isoladas e descobrir as conexões entre elas. Funciona assim:

1. Comece com um **círculo de histórias**. Um exemplo desse círculo seria qualquer um dos tópicos pessoais listados no último capítulo para extrair casos. O círculo é o tema que unifica todas as histórias que ali serão contidas. Funciona como o assunto ou domínio operacional para um *brainstorming* de histórias.

2. Para cada história, crie um **centro** – descrições e palavras que você associa a ela e que o estimulam a recordá-la.
3. Olhe para todos os centros de história e crie um índice que ligue os centros uns aos outros.
4. Conecte os círculos de história uns aos outros, encontrando relações entre centros da história a partir de um ou mais círculos de histórias.

Para fazer as histórias funcionarem é necessário que as controlemos. Quando precisarmos nos comunicar com outras pessoas ou aprender com elas, elas precisarão estar disponíveis de imediato. A colagem de histórias, como qualquer outra forma de *brainstorming*, é o primeiro passo para facilitar o processo – de indivíduos ou de grupos – de descobrir *insights*. As colagens de histórias podem ser usadas de muitas maneiras. A seguir estão dois exemplos. A primeira colagem de história me ajudou a escrever uma carta para meu filho, sobre a natureza do trabalho e minhas atitudes em relação a ele.

Figura 1 – Círculo de histórias

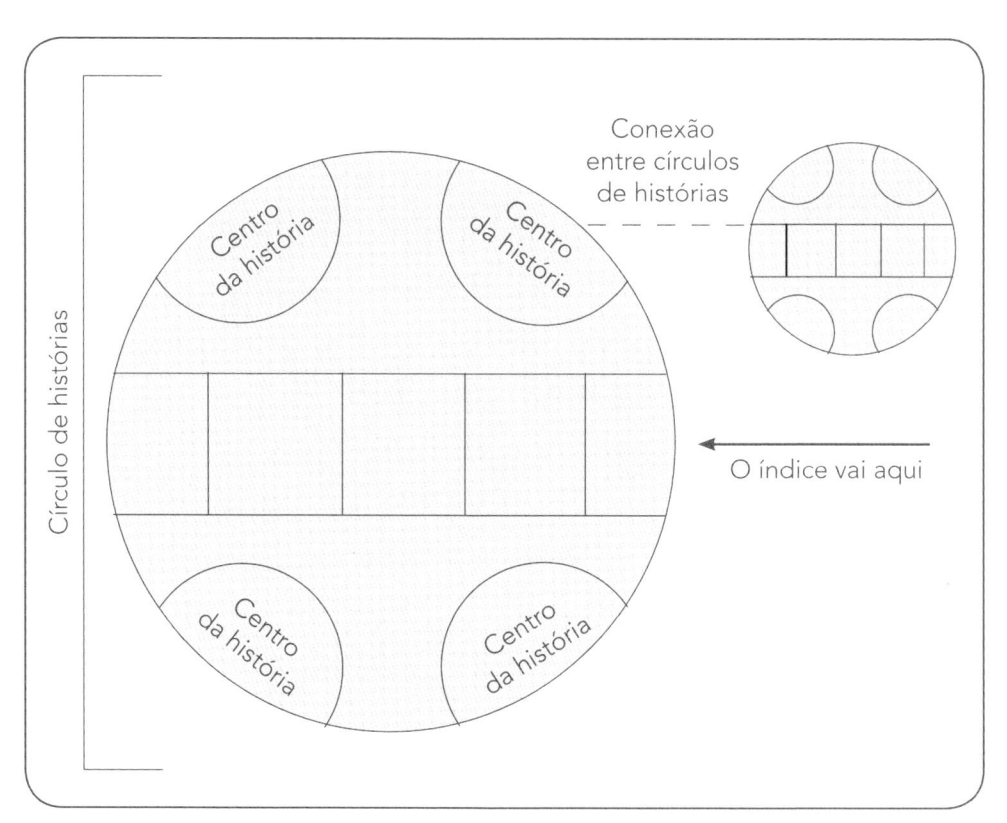

Figura 2 – Análise do exemplo de colagem n° 1: "O que o trabalho significa para mim"
Para uma carta a meu filho

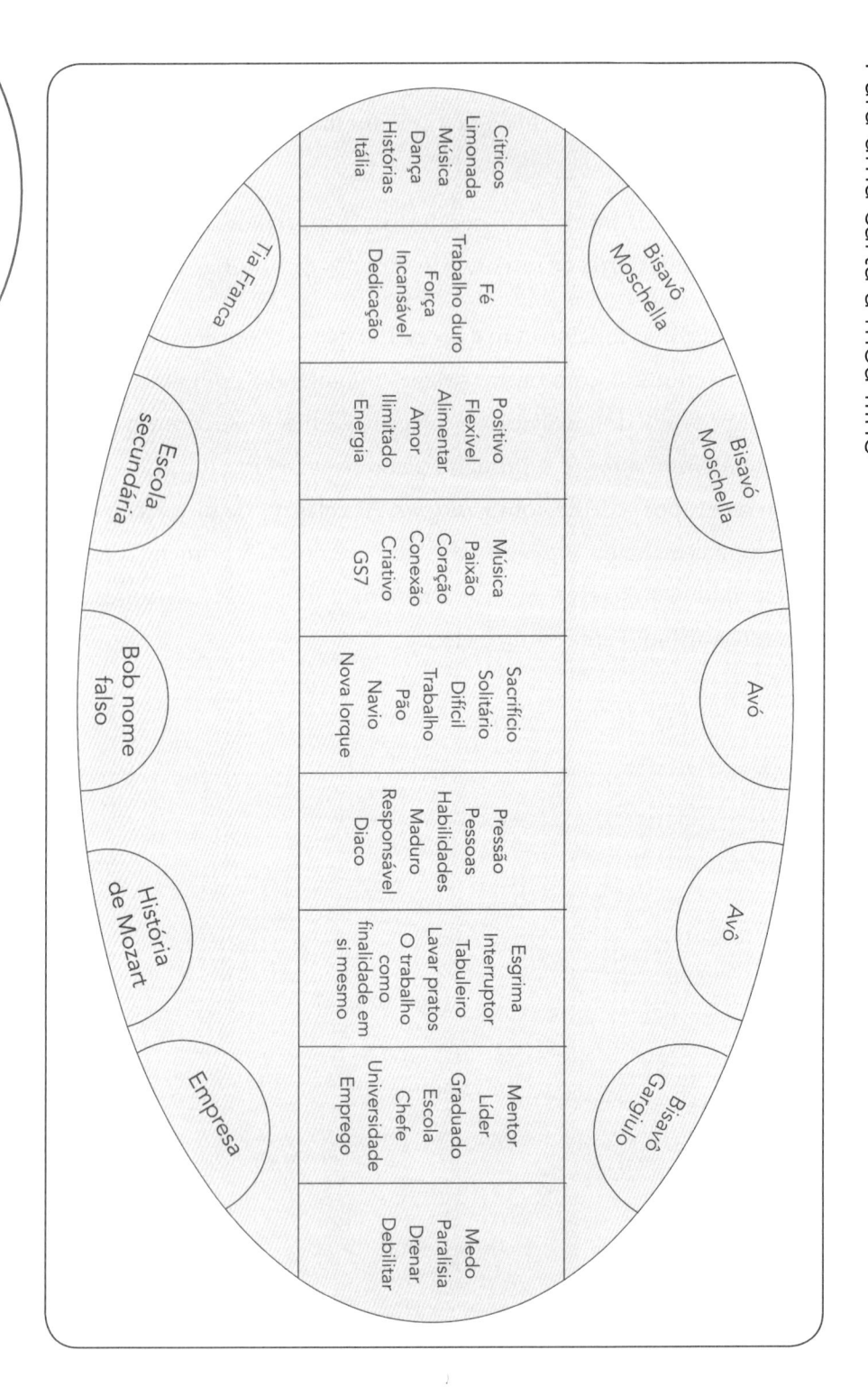

Bisavô Moschella	Bisavô Moschella	Avó	Avó	Bisavô Gargiulo
Cítricos Limonada Música Dança Histórias Itália	Fé Trabalho duro Força Incansável Dedicação	Positivo Flexível Alimentar Amor Ilimitado Energia	Música Paixão Coração Conexão Criativo GS7	Sacrifício Solitário Difícil Trabalho Pão Navio Nova Iorque	Pressão Pessoas Habilidades Maduro Responsável Diaco	Esgrima Interruptor Tabuleiro Lavar pratos O trabalho como finalidade em si mesmo	Mentor Líder Graduado Escola Chefe Universidade Emprego	Medo Paralisia Drenar Debilitar
Tia Franca	Escola secundária	Bob nome falso	História de Mozart	Empresa

O uso de histórias no ambiente de trabalho

Exemplo de colagem nº 1: Carta a meu filho sobre o trabalho

O trabalho oferece um infinito número de possibilidades. É, antes de tudo, uma expressão de quem somos e de como somos. Quero compartilhar com você uma colagem de experiências. Através dela espero que você acumule alguns *insights*. Se há um tema central em todas as histórias, é esse: que seu trabalho sempre o abençoe com oportunidades para criar e que possa sempre possibilitar que você realize seu pleno potencial, desafiando-o constantemente a crescer, estender-se e aprender.

Minha colagem deve começar com algum contexto. Meu relacionamento com o trabalho foi modelado por gerações de histórias. Algumas persistem como imagens vagas, outras apresentam uma resoluta persistência emocional. Meu bisavô Gargiulo era um homem baixinho, com determinação napoleônica. Vir aos Estados Unidos foi um erro, resultado de um motim que ele impôs a si mesmo quando, uma noite, o pau de macarrão, que deveria estar guardado na cozinha, tornou-se uma arma de autodefesa contra o capitão do navio, em lugar de ser utilizado para fazer o pão pelo qual ele era conhecido. Abandonado em Manhattan, meu bisavô abriu uma padaria. Meu avô observou o pai trabalhar incansavelmente, dia e noite. Ajudou-o como podia: entretanto, uma certa tristeza ofuscava a admiração de vovô pela arte de seu pai. Era uma vida dura de trabalho físico, longas noites e, frequentemente, mínimo contato com a família. O passeio ocasional à ilha de Coney era um presente apreciado, mas raro. Quando chegou a Grande Depressão Americana e tudo se perdeu, vovô sabia que iria para uma direção diferente.

A música move a alma de vovô. Sua vocação foi encontrada nas notas, e não na farinha e no fermento. Ele tomou emprestado o temperamento napolitano apaixonado do pai e o conduziu para uma nova direção. Uma melodiosa parada de harmonias e ritmos o levaram ao pódio. Dramas tentadores, maiores que a vida, pulsavam em suas veias. Ele descobriu a alegria do trabalho. Vovô viveu e respirou ópera – que dominou cada fibra de seu ser. Não havia separação entre trabalho e vida. Sua vida era a música. Observei sua época mágica várias vezes e fico surpreso por sua imersão em um fluxo de som e emoção. Quatro horas de uma interpretação desabam em um ponto de singularidade. Vovô emerge de um transe, inconsciente à passagem do tempo. Eu continuo a procurar essa relação espiritual com o trabalho e descobri meus próprios modos de cultivá-la. Vovô também teve suas lutas: todos nós temos. A providência nem sempre concedeu a ele o elixir musical pelo qual sua alma ansiava. O trabalho lhe trouxe monotonia e mostrou sua cabeça banal. A vida como GS7 (serviços governamentais) em centros musicais e de recreação do exército causaram muitas noites sombrias, de dúvida e frustração. Como um mago sem varinha e incapaz de fazer mágica, a baqueta ausente de meu pai lhe corroeu o coração. Entretanto, a necessidade acalmou nossos tempos de austeridade e atamos nossos objetivos a qualquer balsa que a vida nos permitisse encontrar. O amor pela família era consolo e alimento no tempo das vacas magras.

Dedicação, fé e família eram os marcos da orientação dos pais de vovó em relação ao trabalho. Meu bisavô Francesco Moschella morreu quando vovó era pequena. Ele deixara plantações de frutas cítricas no sul da Itália para procurar uma nova vida nos Estados Unidos. Com um inglês mínimo e nenhuma educação, meu bisavô trabalhou nas docas de Nova Iorque e em qualquer trabalho ocasional que encontrasse. Era um homem de música, dança e histórias. Cada momento era um jogo sagrado e ele obedecia a uma só regra: mantenha-se alegre, o que quer que seja que esteja fazendo. Ele via o limão de cada situação como uma limonada disfarçada. Minha bisavó criou uma família de seis pessoas, sozinha, durante a Depressão. O trabalho dela nunca terminava. Ela não se desencorajava com as exigências da vida. Encontrou seu objetivo entregando-se completamente: todas eram oportunidades para impregnar qualquer coisa de cuidado e energia infatigáveis.

Vovó admirava a força e independência da própria mãe. Eram qualidades que inculcou em todas as áreas de sua vida e que modelou para sua tia Franca e eu. Como o marido, vovó era atraída pela música. Fazendo malabarismos em um emprego na Tiffany, vovó trabalhava também como cantora. Seu envolvimento com o canto finalmente a levou à baqueta do Maestro Gargiulo, e o resto é história. A mudança nos leva em uma miríade de direções. O encanto de cantar para príncipes, em eventos da alta sociedade nova-iorquina, manter um estúdio no Carnegie Hall e ajudar meu pai a galgar os degraus do mundo da ópera, dissolveu-se em tarefas em Columbus, Ohio, Georgia e, finalmente, Monterey, Califórnia. A música passou para o segundo plano e cuidar de uma família com uma ínfima quantidade de dinheiro se tornou o foco de vovó. Tia Franca e eu possuíamos determinação e ambição empreendedora. A Diaco (Do It All Company) abriu as portas para funcionar no verão do meu sexto ano. Como tia Franca era seis anos mais velha que eu, e mais sensata, era apropriado que eu lhe desse o leme da empresa, enquanto aceitava uma posição na diretoria, como chefe de operações. Nenhum trabalho estava fora do nosso campo. Quando não estávamos levando cães para passear, limpando quintais ou indo fazer compras para anciãos, estávamos ocupados criando estratégias. Aprendemos a sonhar e desenvolver a capacidade de enxergar tudo como sendo possível. Aquelas primeiras incursões infantis prepararam minha indução para as sérias necessidades do trabalho. Vi Franca trabalhar enquanto cursava a escola secundária, operando a mesa telefônica da escola nos fins de semana. Vi sua habilidade no trato com as pessoas florescerem sob a pressão da necessidade de ser madura e responsável demais para a sua idade. Segui o exemplo dela. Para satisfazer à minha paixão por esgrima, tive de deixar a cidade na qual morava porque superara meu técnico e tinha de ir à escola secundária para treinar com o técnico olímpico. O internato na escola me ofereceu uma ampla gama de empregos. Operando a mesa telefônica como tia Franca, limpando classes e lavando pratos nos fins de semana, comecei a ver o trabalho duro não como uma maldição, mas como um fim em si mesmo. Suponho que não havia qualquer outra escolha.

Quando cheguei à universidade, estava exausto. Mesmo com bolsas de estudo e ajuda financeira, precisava trabalhar 20 horas por semana. A lista de trabalhos para os graduandos era um horror. Senti que já tinha pago o preço por trabalhar em cozinhas, então optei por uma estratégia diferente. Vesti minhas melhores roupas, armei-me de uma pasta para projetar um ar de profissionalismo maduro e fui para um *think tank*¹ que procurava um estudante graduado como assistente de pesquisa. De alguma maneira, consegui o emprego.

Antes de continuar como empresário independente com minha irmã, ataquei tarefas como empregado. Isso significou encarar estruturas de autoridade e chefes. Como tal, eles não me incomodavam. Entretanto, chefes podem ser animais estranhos por causa de nosso relacionamento com eles. Um pouco pelo poder da posição que têm. Mas a maior parte disso é uma função do papel parental psicológico que lhes atribuímos. Bob Falso Nome não era exceção. Quando fui entrevistado para o cargo de assistente de pesquisa como calouro, ele olhou para além da minha idade e inexperiência e viu meu potencial.

Nos quatro anos seguintes, Bob me recebeu sob suas asas e se tornou um mentor maravilhoso. A graduação na universidade me ofereceu um intervalo sob forma de uma bolsa de estudos na Hungria mas, quando voltei um ano depois, Bob se certificou de que havia um emprego esperando por mim. Durante meu primeiro ano de emprego, Bob continuou a funcionar como meu mentor e até mesmo me estimulou a ir para a pós-graduação. Recebi carta branca para ajudar a organização a atingir seus objetivos. Foi um tempo extremamente estimulante.

E então aconteceu o inevitável. Bob se tornou mais humano e vulnerável. Descobri que ele não era o chefe perfeito. Ele tinha temores, como todos nós. Como a organização estava atravessando tempos difíceis de crescimento, ele tinha impactos muito negativos sobre as pessoas que o rodeavam. Sendo parte da organização, perdi de vista sua humanidade e fiquei preocupado com as necessidades da organização e com o papel que pensei poder desempenhar no clima geral. Envolvi-me com política. Até escrevi um estudo de caso para o curso de pós-graduação, sobre temas da organização causados pelo estilo de liderança de Bob e o distribuí ao pessoal. Até dei uma cópia do

---

1 Literalmente, "tanque de pensamentos". Trata-se de uma instituição de pesquisa ou outro tipo de organização que oferece ideias sobre assuntos de política, comércio e interesses militares (N. da T.).

artigo para Bob, pensando ingenuamente que poderia ajudá-lo a ver os efeitos de suas ações. Estava cego pelo meu zelo e, no processo, cerceei a mão que me alimentara. Não reconheci a desconexão entre os objetivos racionais que entendia como sendo a missão da organização e as necessidades de seus membros – especialmente de seu chefe. Estava preocupado em resolver problemas e não em ser parte de um processo para ajudar a organização a corrigir-se, depois de suas rápidas mudanças.

Com uma pós-graduação na mão e uma ponte queimando atrás de mim, saí da empresa. Dessa vez, minha história de independência e uma das histórias favoritas de meu pai sobre Mozart me ajudaram:

Mozart tinha um estudante. Depois de completar satisfatoriamente um dever em teoria da composição, o estudante perguntou a Mozart se ele deveria escrever alguma coisa. Mozart sugeriu que ele escrevesse um minueto (uma peça curta de música para piano). O estudante, exasperado, lembrou a Mozart que ele escrevera uma sinfonia antes de ser adolescente, ao que Mozart respondeu: "Ah! É verdade, mas eu nunca perguntei a ninguém se devia escrevê-la".

A resposta de Mozart é meu mantra para o trabalho. Foi muito útil depois da pós-graduação e depois de eu deixar meu cargo como diretor de pesquisa. Eu tinha a intenção de entrar para o mundo da consultoria, mas as entrevistas com muitas das melhores empresas me fizeram mudar de ideia. Simplesmente não iria dar certo. Enquanto eu tentava descobrir o que queria fazer, trabalhei como temporário. Sabia que os empregos que pagavam mais eram para pessoas com habilidades computacionais específicas. Como nunca usara *software* de apresentações, mas superconfiante em minha habilidade em compreender qualquer *software*, consenti em apresentar publicamente minha desconhecida perícia. Mozart não me falhou na ocasião, ou em qualquer das outras dúzias de vezes em que levei em consideração seu sábio conselho.

O trabalho nunca foi real, e nunca foi nada além do que uma extensão natural da minha vida. Quando comecei minha consultoria independente, Treinamento Pessoal e Consultoria, e ela foi crescendo para se tornar um negócio bem maior, sempre foi uma brincadeira. Mesmo os fracassos eram como frascos de laboratório com compostos químicos misteriosos soltando fumaça, esperando que eu descobrisse os seus segredos. Eu podia ouvir meu bisavô Moschella me persuadindo, suavemente, a transformá-los em limonadas. Um fracasso muito caro resultou na publicação do meu primeiro livro. Havia giros e voltas a cada passo do caminho. O trabalho é como uma luta de *box* importante, em que só os melhores terão chance de esquivar-se de uma chuva de socos, só para encarar uma outra chuva.

Isso não quer dizer que o trabalho sempre seja divertido. Como consultor, era doloroso entrar em organizações e ver como há muitíssimas maneiras de transformar o trabalho numa vida miserável. Por exemplo: enquanto trabalhava para um importante contratante da defesa, encarregaram-me de melhorar as habilidades de comunicação dos gerentes de nível médio e dos empregados de linha em uma fábrica que ia ser fechada. Infelizmente, não tive a opção de recusar a tarefa. Muitas das pessoas em minhas palestras iam ser despedidas. A tensão era alta. Eu não estava inclinado a pintar uma cena rósea, mas tinha de encontrar uma maneira de dar a essas pessoas alguma coisa em que se apoiar. Acabou ficando claro que a sinceridade, a honestidade e as oportunidades de desenvolver relacionamentos uns com os outros lhes deu força compartilhada e esperança.

De alguma forma, pensei que nunca seria vítima das exaustivas exigências experimentadas por aqueles empregados. Mas eu não devia assumir imunidade. Depois de me casar, decidi reduzir a quantidade de viagens e assumir um cargo em tempo integral. Depois do primeiro mês, eu já estava arrancando o cabelo. Não só estava fisicamente confinado a um cubículo, mas sentia que meus talentos estavam trancafiados. Perdia o meu tempo. A despeito de meus esforços para tomar iniciativas e começar novos projetos, aquela empresa ignorava minhas energias. Eu tinha de bater ponto, comer os lanches que me forneciam e calar a boca. Depois de três rodadas de demissões e oito meses pensando, decidi pelo rompimento e ganhei a liberdade. Durante esse tempo, eu era uma das muitas pessoas debilitadas por um ambiente negativo. Lutei contra a incerteza do futuro, mas ficava em torno do bebedouro com meus colegas, perguntando a nós mesmos quem seria o próximo a ser chamado. Estávamos mortos de medo.

Tento não olhar para trás. Não há tempo para guardar amargura. Meu passado informa o presente e alimenta meus sonhos de futuro. Preciso pensar em movimento e a natureza de meu trabalho exige que cada momento seja recreativo. Embora mal se tenham passado 18 meses, o melhor cargo que já ocupei foi ser pai, e o segundo melhor cargo foi ser filho. Um se liga ao outro e oferece a cada um de nós novas possibilidades.

Espero que seu mundo profissional seja diferente. Posso lhe oferecer esperança, mas você deve ter seus próprios sonhos. Veleje em seus sonhos e nos dos outros. Quando compartilhamos nossas paixões, muito é possível.

O trabalho deveria ser uma dança. Aprendi que qualquer coisa que eu faça pode só ser tão boa quanto o que posso criar no momento. Certifique-se de que aprecia o talento dos outros. Celebre os sucessos deles. Não há inimigos, só pessoas com valores e ideias diferentes. Evite as pessoas que podem querer feri-lo, mas essas são poucas e afastadas umas das outras. Existem grandes separações entre nós e os outros devido às nossas diferenças e inabilidade de estender nosso limite do eu para incluir as necessidades e temores dos outros. As pessoas que o desafiam são seus maiores aliados no aprendizado. Um pouco de dor pode ajudar muito na expansão de seus horizontes. O trabalho se torna árduo se cairmos na cilada de precisar provar algo a nós mesmos. Ninguém precisa de prova: só nós – e a melhor coisa é como cuidamos criativamente de atualizar nossos talentos. Amanhã não é um dia melhor do que hoje, e as circunstâncias podem mudar 180 graus – portanto, seja ágil. Estar tranquilo significa estar preparado para antecipar o próximo momento criativo.

Figura 3 – Análise do exemplo de colagem nº 2
Vovô Mar*

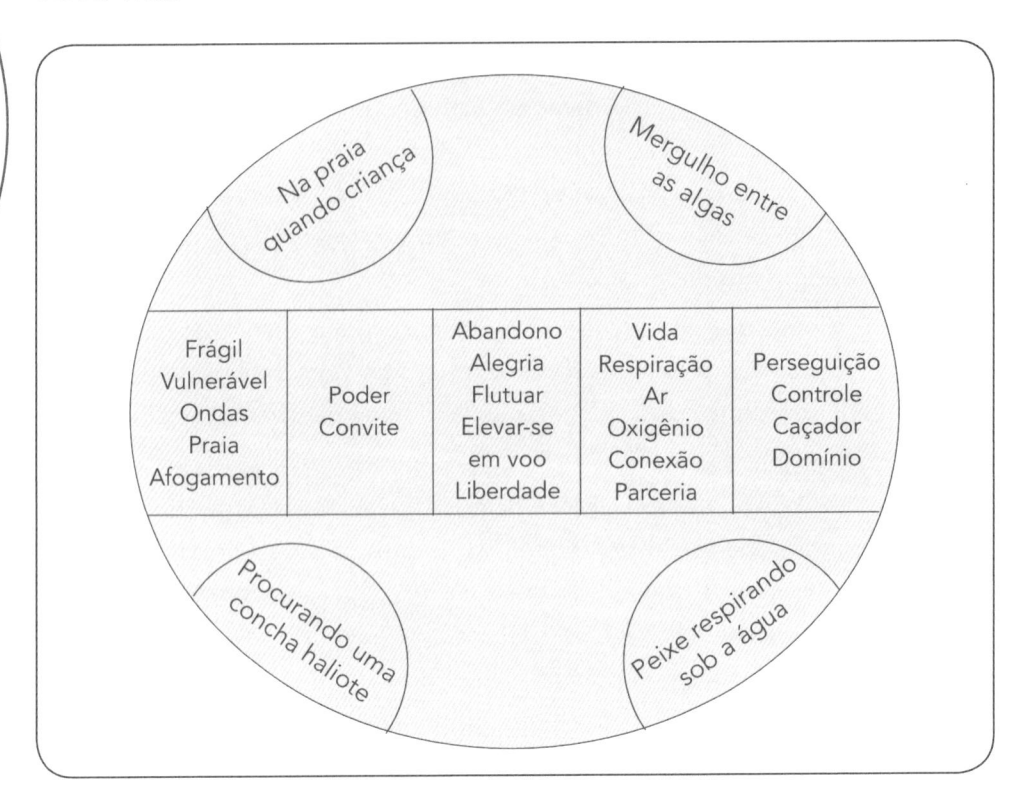

Na praia quando criança			Mergulho entre as algas	
Frágil Vulnerável Ondas Praia Afogamento	Poder Convite	Abandono Alegria Flutuar Elevar-se em voo Liberdade	Vida Respiração Ar Oxigênio Conexão Parceria	Perseguição Controle Caçador Domínio
Procurando uma concha haliote			Peixe respirando sob a água	

Essa colagem de história me ajudou a reunir as histórias principais a respeito do trabalho. A colagem funcionou como um dispositivo de foco. Usei-a para compreender meu relacionamento com o trabalho. Encontrar minhas histórias me ajudou a refletir sobre os valores e significados do trabalho na minha vida. Decidi juntar essas histórias tecendo-as na forma de carta. Nenhuma das histórias é longa. Elas deveriam ser uma tapeçaria. Qualquer combinação dessas histórias pode ser usada em diferentes cenários. Por exemplo, em uma conversa com alguém, eu poderia selecionar menos histórias, mas acrescentar a elas maiores detalhes. O ato de fisicamente criar as colagens de história dá origem a um índice forte. Colocar as histórias para funcionar exige que sejamos mais decididos e

---

* *Mother sea* no original. No inglês, mar é visto como uma entidade feminina, tal qual "mãe natureza" em português (N. da Ed.).

conscientes de nossas histórias e do inter-relacionamento entre elas. A colagem de histórias é uma excelente técnica para tomarmos maior consciência de nossas histórias, de modo que elas estejam prontamente disponíveis quando precisarmos delas.

Amostra de colagem n° 2: Reflexões sobre o mar

Uma onda branca espuma de sua boca. Suas mãos informes se enrolam em volta dos tornozelos de uma criança confiante. Ela está saboreando sua felicidade na praia arenosa. A alegria e o desastre duelam. O Vovô Mar alinha suas diretrizes, mas não aceita ser controlado. Está contente com a luta. Seu instinto paternal dirige um drama que se equilibra sobre um precipício precário, entre resultados diametralmente opostos. Há uma queda. O equilíbrio dá lugar ao terror e o abandono domina a cena. O herói se precipita, arrebata a criança dos braços do Vovô Mar. Passa um instante, impingindo o fato na memória para sempre. A vida continua. Marés e fluxos, nada mais.

Esse foi o meu primeiro encontro com o Oceano Pacífico. Anos passaram e os temores da infância dão lugar a curiosidades insaciáveis.

Agora estou de joelhos no fundo, totalmente equipado com meu arsenal de parafernálias de mergulho. Pode ser que seja algum anseio inconsciente de retornar ao feto inicial, sem peso. De alguma maneira, está certo. As bolhas viajam à superfície, expandindo-se enquanto sobem, e afloram como gritos de alegria. Sou um convidado.

Hoje meu anfitrião me oferece um prazer especial. Uma floresta de algas tece dosséis acima de mim. O sol dirige os raios através de qualquer abertura que encontra. Assim como está lá em cima, do mesmo modo está embaixo. Estou paralisado. O ruído da vida diária desaparece e a água fria me batiza novamente. Estou à deriva em um sonho aquático, hipnotizado pela facilidade de meus movimentos, fluidos como uma balada. Um peixe próximo das algas chama minha atenção. Meus braços fluem em sua direção e, quando se movem, posso jurar que sinto sua guelras pulsantes vibrar através da água. É como se eu estivesse ligado ao peixe. Suas guelras e meu dedo se juntam em algum tipo de união magnética. O óbvio me deixa pasmo. Esse peixe não sabe que está na água. A água, para o peixe, é ar. Ainda assim, experimento a água como algum tipo de cola cósmica restringindo meus movimentos e tudo em torno de mim em uma parceria sinérgica. O peixe não sabe de nada disso.

A flecha do tempo se move para a frente e a cena muda novamente. Dessa vez, estou cortando a água, procurando uma aventura. O instinto caçador-colhedor dentro de mim se move e o brilho cintilante de uma enorme concha, presa fortemente à rocha, chama minha atenção. Orgulhoso de minha agilidade acrobática, posiciono-me da maneira certa para alcançá-la e roubar o tesouro do Vovô Mar. Aí me desoriento e fico com a boca cheia de água. Vários esforços de um companheiro mergulhador não dão resultado. Preciso subir à superfície sem ar. Talvez seja esta a liberdade que almejei o tempo todo com o Vovô Mar.

Fui apanhado entre mundos – um de terra e um de água. A qual dos dois pertenço? Cada um deles é parte de minha natureza, ainda assim nenhum satisfaz completamente minhas necessidades. Preciso dos dois, e os dois precisam de mim.

A maior parte de nós é feita de água. Acrescentem-se alguns átomos de carbono e outros minerais traço, permita-se que a evolução realize um ou dois truques, e emergimos nós. Deve haver algum tipo de museu galático. "Mostra do Planeta Terra, por aqui", diz a placa. No centro da mostra está um *Homo sapiens* empalhado. Talvez a legenda diga "cérebro grande, consciência pequena – uma forma de vida altamente diferenciada, havendo falta de integração entre ele e seu ambiente".

Poderíamos ser uma das maravilhas naturais do universo? Talvez fôssemos nós que deveríamos invocar as musas celestiais e nos sintonizarmos à frequência da maravilha.

Há mais água do que terra. Podemos chegar mais alto no céu, do que no centro de nosso planeta. Tememos o profundo. É esse o pensamento de uma lula colossal ou é um evitamento de nossa natureza?

A natureza está em fluxo. Um fogo é construtivo. Um fertilizante é destrutivo. Todos os ingredientes naturais incluem produtos químicos sintéticos como parte do menu padrão. Chame os relativistas. Eles nos salvarão. A alimentação, não a natureza, é a culpada. Os constructos sociais estão na raiz de todas as desgraças. Eu me esqueci, você poderia me dizer quem construiu os constructos? Ou talvez tudo seja predeterminado em nossos genes. Simplesmente preencha este formulário e o genoma humano é seu, para analisar. Posso ver camelôs de esquina competindo por nossa atenção: "Aqui, oi, aqui, oi, compre seu DVD hoje, e fique sabendo tudo sobre nossa composição genética."

Ergui o espelho e me voltei. Dê-me um lugar para apontar o dedo. Deve haver uma causa para eu me dedicar hoje. Os recursos não são finitos: só nossa compreensão de como administrá-los e controlá-los é que falta, não é?

O peixe se volta para mim. Seu olhar fixo atrai minha atenção.

Estico a mão para tocá-lo, mas me dou conta de que o peixe está dentro de mim. É parte de minha memória – uma epifania vital que me guia. Escorrega entre os meus dedos, e o presente momentâneo se perde. Estou de volta às minhas incoerentes arengas mentais.

O equilíbrio se foi. Livro-me da cobertura da banheira quente e testo a água. Se li meus instrumentos corretamente, posso levar essa água de volta a um equilíbrio seguro e satisfatório. A água vai sucumbir ao meu elixir. Não preciso banir meu ideal. Sou mestre da água.

Uma mãe segura a mão de seu filho enquanto o conduz à grande expansão do mar, pela primeira vez. Os olhos cheios de medo, ele solta a mão dela, abrangendo a cena, mas só parte dela se registra. O Vovô Mar dominará sua imaginação de maneiras muito além de sua capacidade de compreensão atual, mesmo se tiver de atraí-lo para o seu seio.

Nosso horizonte de eventos deve estender-se além do que nossas fracas mentes permitem. A natureza toma conta de si. Uma coisa é obliterada e substituída por outra. Uma fênix renasce das cinzas, para voar novamente. E aqueles poderosos dinossauros ou espécies de plantas e insetos fora dos monitores de nosso radar, que são velas apagadas no escuro antes que qualquer pessoa se beneficie de seus segredos esclarecedores? A natureza não se perdeu, está simplesmente se movimentando.

Examino minha mão. Estou chocado ao perceber que, a cada sete anos, quase todas as células do meu corpo são substituídas. Aquelas pobres células me lembram carcaças pelágicas involuntariamente comprometidas com os manicômios insanos de nossas praias. Perdi minha natureza ou estou só brincando? Talvez eu devesse apenas pegar uma onda e sentar-me no topo do mundo.

Seguro o tesouro na mão. A atração perolada da concha haliote intoxica meus pensamentos. Não tenho ar, mas sou livre. O que aconteceu com meu cordão umbilical? Vou voltar à superfície e reunir-me de novo à atmosfera. O tecido da água será pontilhado com meus arquejos *staccato* por ar, sublinhados por meu impulso de ser único e estar no controle. Quero levar o peixe à superfície. Será que ele vai sentir o ar como se nos unisse em uma nova dança, ou será que a dura realidade de um ambiente estranho o dominará antes que compreenda?

O mundo marcha para sua própria natureza. As nações em desenvolvimento estão ávidas por músicas de karaokê que ouviram antes, e os recursos escassos tentam melodias de contraponto contra a batida em progresso. Vovô Mar chama, uma criança é iniciada e um explorador submarino luta contra sua natureza para guardar seus prêmios, disputados, de ganhos materiais e *insight*. Há um desmaiado brilho de orientação. Vovô Mar escaneia a praia e encontra uma outra criança ávida por instrução. Talvez sua paixão para incitar espanto possa agarrar e estimular uma nova imaginação.

Análise do exemplo de colagem nº 2

Pediram-me que escrevesse um ensaio estimulante sobre o mar. Esse exemplo contém menos histórias, mas a reflexão sobre as três histórias centrais no artigo trouxe-me muitos sentimentos e imagens. As histórias se tornaram a poesia da minha mente, foram o pano de fundo sobre o qual projetei minha imaginação do mar. Quando começamos a trabalhar com nossas histórias em relação uma com as outras, encontramo-nos em um mar de sonhos e *insights*. Elas começam a parecer menos unidimensionais e mais tridimensionais. Os temas das histórias começam a mudar gradualmente, para dentro e para fora uns dos outros.

Damo-nos conta de que as histórias são cebolas com camadas e camadas de significado. Conseguimos discernir essas camadas usando outras histórias para compreendê-las. Embora isso possa soar fantástico, a mente se abre para um conjunto de possibilidades completamente novo. Nossa percepção do mundo, e dos outros, é fundamentalmente alterada.

Os dois exemplos de colagem de histórias enfatizam algumas das maneiras pessoais com que as colagens de histórias podem ser usadas. Entretanto, as colagens de histórias também funcionam bem com grupos. Tenho usado colagens de histórias com equipes de projeto para fazer revisões após o término deles. Em tais casos, os indivíduos capturam suas experiências de trabalho no projeto. A tarefa do facilitador é ajudar as pessoas a verem as conexões entre as pessoas, as histórias e as lições importantes aprendidas, e depois usar as histórias como uma prancha para ajudar as pessoas a não deixarem sentimentos mal resolvidos e imaginar como estabelecer os sucessos e fracassos do projeto em questão. Usei colagens de histórias para ajudar organizações a compreenderem seus clientes internos e externos. Usei colagens de histórias em arbitragens, negociações, planejamento estratégico, reuniões de exigências de usuários e seções de desenvolvimento de produto. As possibilidades são ilimitadas. Os melhores resultados serão conseguidos quando as pessoas se acostumarem a trabalhar com suas histórias, por isso sugiro que seja feito um trabalho de preparação com as pessoas, para desenvolver sua competência em relatá-las. Para mais ideias e exercícios sobre como desenvolver sua competência de comunicação através de histórias, veja meu livro *The Strategic Use of Stories in Organizational Communication and Learning* [O uso estratégico de histórias em comunicação e aprendizado organizacional].

Sumário

Para que as histórias funcionem, é necessário um bom sumário. As histórias são mais poderosas quando estão alinhavadas juntas, do que quando são usadas isoladamente. As colagens de histórias são uma ferramenta para construir um sumário e descobrir o inter-relacionamento entre histórias.

9 Exercícios e ferramentas

Este capítulo vai apresentar exercícios para praticar a forma como colocar as histórias para funcionar. A primeira seção lista orientações e identifica oportunidades práticas sobre como desenvolver habilidades de observação mais intensas nas organizações através das histórias. A segunda seção descreve nove exercícios que podem ser usados em qualquer tipo de *workshop* ou reunião para ajudar os participantes a desenvolverem habilidades de contar histórias mais fortes.

Habilidade de observação

A consciência de nossas histórias e as interconexões entre elas nos concedem a liberdade de nos comportarmos de novas maneiras. Não somos completamente escravos de nossas tendências de reação. Carl Jung usa um exemplo de três pessoas se preparando para atravessar um ribeirão para ilustrar a natureza do comportamento humano. Como o ribeirão é largo, não é possível pular por cima dele. Cada pessoa aborda o ribeirão de maneira diferente. Uma pessoa olha para ele e, impulsivamente, decide pular, arriscando-se a ficar molhado. A outra pessoa decide não arriscar e anda ao longo do ribeirão, procurando por um bom lugar para atravessá-lo. A terceira pessoa procura um tronco para unir as duas margens de modo que possa atravessar o ribeirão.

Cada um de nós pode identificar-se com um dos personagens da história. Sei o que eu faria. Meu primeiro instinto seria impulsivo: eu tentaria pular o ribeirão, torcendo para não me molhar. Se me molhasse, não deixaria que isso me aborrecesse demais.

Aqui, há um paradoxo. Por um lado, temos uma identidade que prescreve muitos de nossos pensamentos, emoções, percepções e comportamentos. Mas, por outro, também somos livres para escolher o que faremos. Cada um de nós tem um comportamento preferido que, de alguma forma, está ligado à nossa identidade. No momento, vamos esquecer o clássico debate da natureza contra a alimentação. Acho que é razoável assumir que somos definidos por algum tipo de combinação das duas. Os aspectos de nossa identidade estão codificados na nossa genética e em nossas experiências – em que grau e como não importa, no momento. Portanto, quem e como somos não é completamente imutável.

Nossas experiências são transformadas em memórias, codificadas em nossa mente como histórias. Embora tenhamos uma identidade relativamente estável (o que é evidenciado por nossas palavras, atitudes, crenças e comportamentos consistentes), também somos capazes de mudar. Ter consciência de nossa identidade e predisposições nos permite a possibilidade de atuar de maneira diferente. Não estamos trancados em uma história. A despeito de meu impulso de pular o ribeirão, também sou livre para procurar um lugar melhor para cruzá-lo ou para buscar um tronco.

Se eu tiver consciência de minhas histórias orientadoras, vou conceder a mim mesmo a possibilidade de evitar meu comportamento-padrão e agir de uma maneira nova. Como já discutido antes neste livro, se estou consciente de minha história, não estou atado a ela e posso adotar outras, diferentes. Isso não significa que toda vez que vier ao ribeirão, não o saltarei impulsivamente. Significa apenas que, cada vez que for ao ribeirão, estou livre para considerar minhas ações e imaginar outras, alternativas. Somos capazes de ser muito mais fluidos e dinâmicos em nossos pensamentos e comportamento do que dita a sabedoria convencional. Desejo reenfatizar a palavra *possibilidade*. Não estou negando a existência de traços de identidade e caráter. Estou simplesmente ressaltando que há uma relação entre as histórias, a autoconsciência e o comportamento.

A relação entre histórias e comportamento é indireta, mas importante para a nossa discussão do papel que as histórias desempenham nos negócios. A ilustração de um *iceberg*, na Figura 4, resume os vários níveis em que as histórias operam.

Níveis do *iceberg*

Contar

Compartilhamos histórias como a principal maneira de nos comunicarmos. Quando alguém conta uma história, em geral respondemos com uma de nossas histórias e, mesmo se não o fizermos, lembramo-nos de uma mentalmente, para compreender o que a pessoa está dizendo. Ter muitas histórias para contar nos torna comunicadores versáteis.

Aprender

Usamos histórias para transmitir aprendizado. Se uma imagem vale mais do que mil palavras, uma história vale mais do que mil imagens. Pensamentos e ideias complexos e intrincados podem ser codificados em histórias elegantes.

As histórias mapeiam umas às outras. Criamos relações entre histórias e procuramos por paralelos entre elas. Desse modo, as histórias estão construindo blocos para o aprendizado. Aprendemos associando novas informações às informações existentes. Quando a experiência permanece isolada em um único domínio, é terrivelmente ineficiente. Lembre-se da definição de inteligência de Roger Schank, no capítulo 8, que afirma que a inteligência é a habilidade de indexar facilmente nosso vasto leque de experiências e fazer conexões entre as velhas e as novas.

Ter consciência

Como nossas experiências desempenham papel importante na formação de quem somos, as histórias são usadas para ganhar autoconsciência. Nossas histórias contêm dicas vitais para saber quem somos e como vemos o mundo. Precisamos refletir sobre nossas experiências para tirar delas a máxima vantagem.

As histórias são como assistir a um vídeo de nossas experiências. Elas nos dão acesso a nossas memórias e fornecem um meio pelo qual podemos analisar o impacto dessas memórias sobre nossas percepções e identidade.

Interpretar

Estamos constantemente criando histórias para explicar o mundo. Contudo, é importante dar-se conta de que nossas interpretações são filtradas por nossas percepções, crenças, atitudes e preconceitos.

As histórias que criamos são teorias. Desenvolvemos nossa "teoria da história" pela combinação de nossas observações com filtros perceptuais. Nossos filtros perceptuais se desenvolvem com o tempo, como resultado de nossas experiências. E nossas experiências nos são acessíveis através das memórias, que são arquivadas em nossa mente como histórias.

Comportar-se

Usamos histórias para explicar o comportamento e desenvolver estratégias de como interagir com outras pessoas. Também somos capazes de considerar comportamentos alternativos, que vão contra aqueles que temos arraigados se tivermos consciência de histórias que descrevem nossa natureza e imaginando outras, diferentes.

As histórias são os moldes em que novos comportamentos podem ser projetados e através dos quais podem ser atualizados. Nós as usamos para ganhar compreensão de quem somos. Coletivamente, nossas histórias pintam um quadro minucioso de quem somos. Se pudermos acessar essa informação, damos liberdade a nós mesmos. Em outras palavras, podemos nos libertar de uma velha história e adotar outra nova, temporariamente.

Cada camada é construída sobre a anterior. O aprendizado através de histórias não pode acontecer se não tivermos um vasto índice de histórias de onde colhê-las. Não podemos ter consciência de como nossas histórias nos afetam, se não as usarmos como um veículo para aprender. Um componente importante do aprendizado implica observar o mundo que nos cerca e interpretar o que vemos. Se não tivermos consciência de como formamos muitos de nossos filtros perceptuais, então não saberemos como chegamos à nossa teoria atual. E se não tivermos consciência de que história estamos criando para interpretar nossas observações, não poderemos escolher nossas ações.

Figura 4 – Níveis do *iceberg*

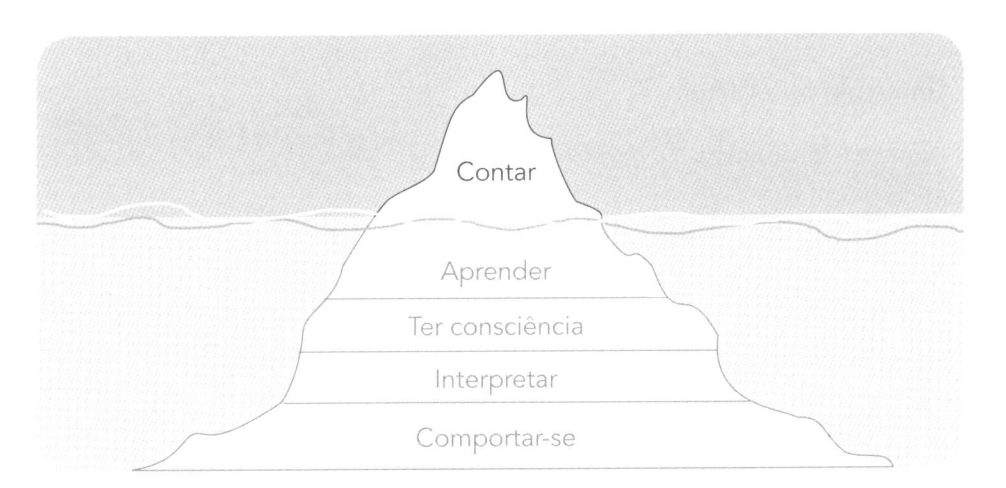

Exercícios de observação

Esta seção contém exercícios para orientar a observação de nosso ambiente profissional. Os exercícios sugerem coisas a procurar em certas situações. Você usará todas as informações reunidas a partir de suas observações para criar teorias preliminares e conclusões. Depois que tiver mais consciência de seus filtros perceptuais, tendo passado por todas as reflexões pessoais do capítulo anterior, você poderá criar histórias para explicar suas observações. Use essas teorias para orientar seu comportamento e planejar suas ações, em oposição a simplesmente reagir a pessoas e situações.

Os tópicos que se relacionam a observações profissionais incluem:

1. Primeiras impressões.
2. Decorações do escritório.
3. Telefonemas.
4. Reuniões.
5. Apresentação de vendas.
6. Interação com clientes.
7. Cultura corporativa.
8. O dia em revista.

Essa lista não é exaustiva. Você pode acrescentar seus próprios tópicos de observação à lista, mas ela constitui um bom ponto de partida.

Esses tópicos não precisam ser abordados em nenhuma ordem em particular, e podem ser usados de diversas maneiras. Essas observações podem ser feitas o tempo todo. Até que se torne uma segunda natureza, use as duas tabelas que seguem para começar. O Quadro 3 o ajudará a orientar suas observações, e o Quadro 4 o ajudará a registrar suas observações e interpretações das histórias.

Use a primeira coluna no Quadro 3 – *Coisas a observar* – para registrar algumas ideias de coisas a prestar atenção, para começar. Use a segunda coluna – *Perguntas* – para registrar algumas perguntas, com o objetivo de dirigir sua atenção a coisas específicas. Você deve tentar responder à maior quantidade possível dessas perguntas.

Quadro 3

Coisas a observar	Perguntas

Use a primeira coluna do Quadro 4 – *Observações reais* – para registrar uma breve descrição do que você deve observar. Use a segunda coluna – *História plausível* – para registrar sua interpretação das observações. Em outras palavras, que tipo de conclusões você pode extrair ou postular com base em suas observações? Use a terceira coluna – *Implicações* – para indicar como as conclusões que extraiu foram afetadas por outras histórias, especialmente as pessoais e por seus filtros perceptuais. Depois, decida que história orientará o seu comportamento.

Quadro 4

Observações reais	História plausível	Implicações

Vejamos um exemplo. O contexto/tópico profissional nesse exemplo será "primeiras impressões" durante a entrevista de um potencial funcionário. O exemplo será limitado a um conjunto de observações.

Na primeira coluna, registro minhas observações. Tomando nota dessas observações, dou-me conta do que está me chamando a atenção. Além disso, preciso interpretar minhas observações. Quero explicar o que estou observando. Agrupo minhas observações para formar uma história. Meus filtros perceptuais e história pessoal afetam a história que gero para explicar o que estou observando sobre o candidato. Lembra-se do exemplo no capítulo anterior sobre como minha irmã e eu trabalhamos duro e os sacrifícios que fizemos para o bem da nossa educação? Por causa da minha história pessoal, tenho um certo preconceito contra esse candidato. É pouco provável que o contrate, mesmo que ele seja a pessoa certa para o trabalho.

Em lugar de permitir, passivamente, que minha história dite meu comportamento de não querer contratar o candidato, decido que o melhor a fazer será deixar que uma outra pessoa o entreviste depois.

Quadro 5

Observação real	História plausível	Implicações
Candidato jovem, parece ansioso para me impressionar. O candidato tem pouca experiência profissional. O candidato descreve a si mesmo como uma pessoa que aprende depressa porque nunca teve de estudar duro para conseguir boas notas. O candidato exulta por nunca ter tido necessidade de fazer dinheiro em "tarefas humildes". O candidato cresceu numa área rica. O candidato enfatiza continuamente que planeja trabalhar duro na empresa. O candidato acredita que pode subir rapidamente na empresa. O candidato não tem irmãos ou irmãs.	Como filho único de família rica, essa pessoa teve a sorte de receber uma excelente educação. Ele nunca teve de trabalhar duro e parece se orgulhar disso. Entretanto, enfatiza continuamente que planeja trabalhar duro na empresa, o que, dadas as circunstâncias, não parece crível. Embora esteja muito confiante e seja eloquente, não parece combinar bem com o cargo.	Trabalhei durante o curso secundário e a universidade lavando pratos e operando mesas telefônicas. Jovens que recebem tudo de "mão beijada" não sabem o valor do trabalho duro. Preciso descobrir mais a respeito deste candidato e pedir a outra pessoa, que não tenha os mesmos preconceitos que eu, que o entreviste antes de dispensá-lo como candidato.

Observações profissionais
Tópico 1: Primeiras impressões

Formamos impressões sobre as pessoas muito rapidamente, e as primeiras impressões podem ter impacto duradouro sobre nossa opinião sobre alguém. Aqui estão algumas coisas a lembrar quando você encontra uma pessoa pela primeira vez.

Quadro 6

Coisas a observar	Perguntas
Roupas	São apropriadas? Como você caracterizaria as roupas dela? Ela é alinhada?
Contato ocular	Ela faz um bom contato ocular? Os olhos dela se movem precipitadamente? Ela está nervosa? Ela está distraída? Ela está interessada em você?
Aperto de mão	É firme? Vigoroso? Quente? Frio? É de curta duração? É de longa duração?
Postura	Ela é alta? Ela está rígida? Ela anda curvada? O queixo dela está para a frente? Para cima? Ela está perto demais de você? Você vê qualquer ferimento ou problema físico?
Conversação	Ela faz perguntas? Ela gosta de falar a respeito de quê? Como você classificaria a voz dela? Ela gesticula muito? Ela tem padrões de linguagem? Ela usa muito certas palavras ou frases? Que palavras filtro ou interjeições ela usa?
Expressões faciais	Ela ri muito? Ela sorri? Ela ergue as sobrancelhas? Quando ela fala, franze a testa?

Observações profissionais
Tópico 2: Decorações do escritório

É sempre divertido entrar nos escritórios e ver como as pessoas os decoraram. As decorações podem lhe dizer muito rapidamente o que é importante e significativo para uma pessoa.

Quadro 7

Coisas a observar	Perguntas
Fotografias	Ela tem fotos do cônjuge? Ela tem fotos dos pais? Ela tem fotos dos filhos? Ela tem fotos dela mesma? Há fotos de ocasiões especiais? Há fotos dela de férias? Há fotos dela envolvida em *hobbies* ou esportes?
Diplomas e prêmios	Que diplomas e prêmios estão à mostra no escritório?
Decorações	Há algum provérbio ou lema à vista? Ela tem plantas? Ela tem algum brinquedo? Que bibelôs estão lá? Quais os cartazes ela tem? Que tipo de protetor de tela ela tem? Ela decora o escritório para o Natal? Que tipo de calendário ela tem? Que tipo de música ela ouve?
Organização	O escritório está em ordem ou confuso? Como a mobília está arranjada? Ela parece estar trabalhando em muitas coisas ao mesmo tempo?

Observações profissionais
Tópico 3: Telefonemas

Muita gente passa um longo tempo ao telefone no escritório. Podemos dizer muito sobre o estilo de comunicação de uma pessoa e sobre seu temperamento pela forma como ela fala ao telefone.

Quadro 8

Coisas a observar	Perguntas
Respondendo ao telefone	Ela é polida? Rude? Ela é impaciente? Ela atende com um cumprimento formal ou um "alô" padrão? Se ela tem identificador de chamadas, cumprimenta quem a chama pelo nome? Como o tom de voz dela muda quando responde à chamada? Ela usa o alto-falante do telefone?
Conversações	Ele faz alguma outra coisa enquanto está ao telefone? Ela é prolixa? Dá para perceber se ela está ouvindo a pessoa que a chamou? Como você caracterizaria a afinidade dela com quem lhe telefonou? Você pode perceber se alguém está controlando a conversa? A expressão facial dela combina com o tom e a voz? Qual a natureza do telefonema?
Conversações	Como ela interage com os representantes do Atendimento ao Consumidor? Como ela trata o cônjuge? Família? Filhos? Amigos?
Terminando um telefonema	Dá para perceber se foi um telefonema produtivo? Ela dá desculpas para desligar o telefone? O telefonema termina com um toque pessoal?

Observações profissionais
Tópico 4: Reuniões

As reuniões são uma excelente oportunidade de estimar informações valiosas sobre as pessoas, a dinâmica organizacional e retrabalhar nossas histórias.

Quadro 9

Coisas a observar	Perguntas
Mecânica da reunião	Quem foi convocado e quais são seus papéis? Quem dirige a reunião? Há uma pauta? São fornecidas comida ou bebida? Onde as pessoas estão sentadas? É uma reunião informativa? Para tomada de decisões? As duas coisas? A reunião começou na hora? A reunião durou o tempo preestabelecido? Alguém saiu inesperadamente ou recebeu telefonemas durante a reunião?
Dinâmica interpessoal	As pessoas vieram à reunião preparadas? Quem está dominando a reunião? As pessoas parecem estar à vontade para expressar suas opiniões? Há assuntos importantes que não são discutidos? Parece que há alianças na sala? Como você caracterizaria a linguagem corporal das pessoas? Quais as coisas importantes que foram ditas durante a reunião? Há alguém se mostrando altivo ou indiferente? Há alguém distorcendo informações?
Resultados	Alguém saiu da reunião aborrecido? Quais aspectos da reunião foram bons? Quais aspectos da reunião foram ruins? Cobriram-se todos os itens da pauta? Quais são as ações a realizar? As pessoas executam as ações?

Observações profissionais
Tópico 5: Apresentação de vendas

A forma como sua empresa se apresenta aos clientes é fundamental para que obtenha sucesso. É necessário avaliar constantemente as percepções e necessidades dos clientes. Observar as apresentações de vendas é uma excelente maneira de fazer isso. As informações reunidas ajudarão sua empresa a revisar continuamente suas estratégias de vendas e *marketing* adotando novas histórias.

Quadro 10

Coisas a observar	Perguntas
Cenário	Quem é a audiência? Onde ocorre a apresentação? Quantas pessoas estão presentes e quais são seus papéis? Qual é a expectativa que o cliente tem da apresentação?
Delivery	É uma apresentação gravada? O apresentador avaliou o que o cliente já sabe sobre o produto? Como o apresentador envolveu o cliente na apresentação? Quanto o apresentador sabe sobre a empresa? O apresentador usa exemplos e explicações relevantes para o cliente? Quanto você aprende sobre o cliente durante a apresentação? Que espécie de afinidade o apresentador consegue com o cliente?
Reações do cliente	Durante a apresentação que linguagem corporal os participantes têm? Que perguntas fazem os clientes? O que chamou a atenção dos clientes? Que preocupações têm os clientes sobre o produto ou serviço?

Observações profissionais
Tópico 6: Interações com o cliente

Observar ou ouvir os representantes do serviço ao consumidor interagindo com os clientes revela muito sobre a habilidade deles de lidar com as pessoas. Além disso, observar as interações com o cliente permite uma avaliação precisa do Serviço de Atendimento ao Consumidor da empresa, dos processos e das necessidades dos clientes.

Quadro 11

Coisas a observar	Perguntas
Cliente	Qual é a reclamação do cliente? Como o cliente reclama? Qual é o tom de voz dele? Qual é a linguagem corporal dele? O cliente percebe que foi ouvido e compreendido?
Representante do serviço ao cliente	Como ele cumprimenta o cliente? Qual é o tom de voz dele? Qual é a linguagem corporal dele? Ele está ouvindo? Que perguntas ele faz para compreender as necessidades do cliente? Ele compreende as necessidades do cliente? Ele é capaz de neutralizar uma situação tensa? Ele se torna defensivo?
Ações e resoluções	O que é feito para resolver o problema do cliente? Qual é a expectativa do cliente? Há alguma política ou processo interno que limite as ações do representante do Atendimento ao Cliente? O representante do Atendimento ao Cliente tem acesso a todas as informações de que necessita? O representante do Atendimento ao Cliente oferece alternativas? Essa interação com o cliente poderia ter sido gerida de maneira diferente? O cliente está satisfeito? Como o representante do Atendimento ao Cliente se sente?

Observações profissionais
Tópico 7: Cultura corporativa

Em qualquer organização, a cultura corporativa é esquiva e difícil de definir. Entretanto, algumas observações do ambiente podem esclarecer a cultura de uma empresa.

Quadro 12

Coisas a observar	Perguntas
Dinâmica do escritório	Quem são as pessoas que exercem maior poder na organização? Como adquiriram esse poder? Quem almoça com quem? Há panelinhas? As pessoas fofocam? A respeito de quê? Com quem os líderes mais importantes se alinham dentro da organização? As pessoas confiam umas nas outras? As pessoas ajudam umas às outras? As pessoas trabalham em equipe?
"Vacas" sagradas	Existem pessoas que estão acima da crítica na organização? Há alguma prática ou processos profissionais que não podem ser modificados? Há algumas políticas empresariais que nunca mudarão? Que valores, crenças e ideais da organização são melhor acalentados?
Lendas e mitos	Quem são os heróis da organização? Como a organização teve sucesso e cresceu? Que histórias as pessoas gostam de contar sobre a empresa?
Pontos de encontro	Que benefícios a organização oferece a seus funcionários? Na organização, do que as pessoas se orgulham? Como as pessoas são motivadas? Como se reconhece o valor das pessoas e como elas são recompensadas por suas contribuições?

Observações profissionais
Tópico 8: O dia em revista

Adquirir o hábito de reservar alguns momentos, no final de cada dia, para lembrar-se dos eventos daquele mesmo dia, vai ajudá-lo a ganhar *insights*. Tente visualizar as pessoas com quem interagiu, as coisas que disse a elas, as coisas que elas lhe disseram, as iniciativas que tomou e as ações que queria tomar mas não conseguiu.

Quadro 13

Coisas a observar	Perguntas
Conversações	Com quem você conversou hoje? O que eles queriam de você? O que você queria deles? Você conseguiu o que precisava? Se não conseguiu, por quê? Como seu humor afetou suas interações com as outras pessoas? Havia alguma questão pessoal em sua mente? Você foi insensível aos sentimentos de alguém? Você disse alguma coisa que não queria? Alguém disse alguma coisa que o aborreceu? Você reconheceu a contribuição de alguém? Que elogios você recebeu?

(continua)

(Quadro 13 – conclusão)

Ações	Você se esqueceu de fazer alguma coisa? O que você precisava concluir hoje? O que concluiu? Você atingiu seus objetivos? Se não os atingiu, por quê? Você precisou rearranjar alguma de suas prioridades? Qual foi a coisa mais notável que aconteceu? Como você ajudou outras pessoas? Você atrapalhou o serviço de outra pessoa? Que efeito você teve sobre outras pessoas? Como as ações de outras pessoas o afetaram? Se você pudesse voltar atrás em alguma de suas ações, quais seriam elas?

Exercícios para desenvolver a habilidade de contar histórias

Estes são alguns dos meus exercícios favoritos em *workshops*. Eles são flexíveis e podem ser usados para atingir numerosos objetivos. Usei-os para ensinar habilidades específicas de contar histórias em "*workshops* de histórias" e também de maneira mais geral. Na maior parte, são simples de conduzir, mas podem ter alguns efeitos profundos. Aqui está um resumo dos exercícios:

Quadro 14

Exercícios	Objetivos
1. Diga-me quem você é	Experimente contar histórias como uma forma mais ativa e eficaz de se comunicar. Crie afinidades entre as pessoas. Permita aos participantes descobrir que têm muitas histórias para contar. Descubra a diferença entre formas didáticas de comunicação e contar histórias.
2. História da família	Pratique os atos de contar e de ouvir histórias. Aprenda técnicas de contar histórias. Identifique o que torna uma mais interessante do que a outra. Encontre o papel da vulnerabilidade em histórias.

(continua)

(Quadro 14 – conclusão)

3. A história do homem	Explore como as histórias funcionam. Pratique a que não tinha análise. Descubra como as histórias codificam informações.
4. Histórias pontuais	Ilustre como as histórias podem ser desencadeadas. Procure conexões e relações entre elas, para praticar.
5. Pegue a sacola	Ilustre como as histórias podem ser desencadeadas. Trabalhe com objetos ao acaso para lembrar-se de histórias. Procure conexões e relações entre elas para praticar.
6. Clichês	Procure uma história para ilustrar um clichê. Use-a para visualizar abstrações. Pratique pensar em histórias e contá-las.
7. Capture e recapture	Registre uma lembrança e veja como os outros a reconstroem. Compreenda as relações entre lembranças, percepções e histórias.
8. Diálogo de histórias	Tome consciência de como as histórias são parte da comunicação.
9. Joanna Macy aprendendo a ver um ao outro	Aprenda a mudar sua perspectiva para encontrar compassivamente uma outra pessoa. Demonstre o papel da empatia em histórias. Imagine a perspectiva de outra pessoa.

Exercício 1:
Diga-me quem você é (50-60 minutos)

Instruções

1. Separe o grupo em pares, se possível, que não se conheçam.
2. Instrua: uma das pessoas deverá falar sobre si mesma, enquanto a outra ouve. O ouvinte não pode falar ou fazer qualquer pergunta.
3. Depois de 10 a 15 minutos, faça-os trocarem de papel.
4. Interrogue sobre o exercício.

Facilitação

É intrigante observar esse exercício. Inicialmente, muitas pessoas não gostam, ou não se sentem à vontade falando sobre si mesmas. Acham que têm muito pouco a dizer e que suas vidas não são muito interessantes. Tipicamente, as pessoas abordam o exercício como uma entrevista. Começam tagarelando sobre os fatos de suas vidas (por exemplo, onde nasceram, cresceram, foram à escola e trabalharam). Pouco depois, não têm mais o que dizer, mas, em geral, há muito tempo ainda. Sem perceber o que estão fazendo, começam a contar uma história. Repentinamente, o tempo começa a pressionar, elas se dão conta de que têm muito a dizer e ficam mais animadas. É comum observar, também, uma mudança nos ouvintes, que se inclinam para a frente e se envolvem mais com o que o narrador está dizendo.

Depois do exercício, peça aos participantes para compartilharem suas experiências e observações. Veja se eles podem identificar o momento exato em que passaram do modo "relatar-os-fatos" para o modo "contar-histórias". Ande pela sala e peça às pessoas que deem exemplos. Estimule-as a encontrar paralelos entre o exercício e a comunicação em geral. Veja se conseguem se lembrar de experiências semelhantes, como quando tiveram problema em comunicar-se, ou usaram uma história.

Exercício 2:
História de família (90-120 minutos)

Instruções

1. Crie grupos de quatro ou cinco pessoas.
2. Cada uma das pessoas no grupo deve contar duas ou mais histórias da família, ou da infância. As histórias devem ser sobre o participante ou sobre um parente, irmão ou amigo de infância.
3. Depois de ouvir cada história, o grupo seleciona duas histórias para contar ao grupo inteiro e designa um locutor.
4. Cada grupo conta as histórias que selecionou.
5. Interrogue sobre o exercício.

Variação

Esse exercício também funciona bem com pares. Peça a cada pessoa que selecione uma das histórias do parceiro e a narre ao grupo.

Facilitação

Essa atividade confere às pessoas experiência em audição ativa. Narrar a história de outra pessoa e fazê-la reviver para outras não é tão fácil como parece. Para experimentar uma história, a imaginação deve estar trabalhando ativamente. Peça aos participantes que prestem atenção à quantidade de detalhes que incluem quando voltam a relatar a história. Peça àqueles que recontam as histórias que expliquem por que razão as selecionaram.

Peça a quem contou a história originalmente que avalie a recontagem dela. Se apropriado, peça a quem a originou que compartilhe os *insights* que a história revela sobre ele, como pessoa. Faça a mesma pergunta ao grupo inteiro. Isso é particularmente fascinante quando as pessoas conhecem umas às outras bastante bem. Uma palavra de aviso: você pode conseguir mais do que pediu, porque as histórias podem ser muito reveladoras. Entretanto, também podem ser usadas para reforçar percepções incorretas e interesses próprios. Essas discussões devem ser administradas com cuidado.

Exercício 3:
A história do homem que não tinha histórias (90 minutos)

Instruções

1. Conte a história seguinte ao grupo.
2. Depois de contar a história, crie grupos de quatro ou cinco.
3. Passe cópias da história a todo mundo.

4. Instrua as pessoas a lerem a história: depois, devem discuti-la com seu grupo.
5. Dê a cada grupo um *flip chart*. Peça aos grupos que analisem a história. O que eles podem aprender com ela sobre a natureza das histórias?
6. Deixe o grupo trabalhar por 30 minutos.
7. Comece uma discussão com todo o grupo pedindo a cada subgrupo que relate seu trabalho.

A história

Liam era um cesteiro. Cortava juncos, transformava-os em cestas e as vendia nas cidades próximas. Depois de algum tempo, não havia mais juncos.

Ele sabia de um vale longínquo onde, dizia-se, cresciam juncos bonitos. Mas era um vale encantado e ninguém se atrevia a ir lá. Entretanto, o dinheiro de Liam tinha acabado e ele estava desesperado, por isso decidiu assumir o risco. Com a faca, uma corda e o almoço que a mulher embrulhou para ele, Liam partiu para o vale.

Tinha cortado e amarrado dois bons feixes de junco quando uma névoa grossa começou a se formar em torno dele. Pensando que a neblina logo sumiria, ele se sentou e comeu o almoço. Quando terminou de comer, estava tão nevoento que ele não conseguia nem ver suas próprias mãos.

Liam ficou desorientado. Levantou-se e olhou para o leste, depois para o oeste. Viu uma luz à distância e pensou: "Onde há luz, provavelmente há pessoas". Andou em direção à luz e, finalmente, chegou a uma casa de fazenda que tinha a porta aberta. Liam entrou e encontrou um casal de velhos sentados perto da lareira. "Entre e aqueça-se", convidaram eles. Depois de trocar algumas amenidades, o velho pediu a Liam que contasse uma história.

"Não sei", respondeu Liam. "Nunca contei uma história."

A mulher voltou-se para ele dizendo: "Então vá até o poço e nos traga um balde de água, para seu bem-estar".

"Farei isso com satisfação, desde que não tenha de contar uma história", respondeu Liam.

Liam foi ao poço e encheu o balde. Colocou-o no chão por um momento, para que a parte de fora secasse, antes de levá-lo para dentro. De repente, o vento rugiu e o ergueu alto no céu. Soprou-o para o Leste e, depois, para o oeste. Quando ele caiu novamente na Terra, não havia balde, nem poço, nem casa de fazenda. Mas, novamente, à distância, ele viu uma luz e pensou: "Onde há luz, provavelmente há pessoas". Partiu em direção à luz e, depois de algum tempo, descobriu que vinha de uma casa de fazenda muito maior que a primeira, com as luzes brilhando para fora da porta.

Quando entrou, Liam viu que tinha chegado a um velório. Havia duas fileiras de homens sentados ao longo da parede do fundo, e uma menina, com cabelo ondulado preto, sentada ao lado do fogo. Ela deu as boas-vindas a Liam e lhe pediu que se sentasse ao lado dela.

Mal tinha se sentado quando um homem grandalhão se ergueu. "Não é um velório de verdade sem um violinista. Vou ver se arranjo um, assim poderemos começar a dançar."

"Não vá", disse a menina de cabelo ondulado preto. "O melhor violinista da Irlanda está aqui." E olhou diretamente para Liam.

"Oh, não", disse Liam. "Não sei tocar nada no violino. Não tenho música nenhuma na cabeça."

"Claro que sabe", insistiu a menina, e colocou um violino e um arco nas mãos dele. Ele tocou e todo mundo concordou que nunca tinham ouvido um violinista melhor do que Liam.

Dançaram e dançaram até que o grandalhão disse que era o suficiente. "Precisamos ir buscar um padre para rezar a missa. Esse cadáver deve sair antes do dia raiar."

"Não há necessidade", disse a menina com o cabelo ondulado preto. "O melhor padre da Irlanda está sentado aqui mesmo." E, novamente, olhou direto para Liam.

"Oh, não", disse Liam. "Não sou padre. Não sei nada a respeito do trabalho de um padre."

"Claro que sabe", disse ela. "Você vai se desempenhar tão bem quanto se desempenhou no violino."

Antes que Liam reagisse, estava em pé no altar, rezando a missa. E todos disseram que nunca tinham ouvido nenhum padre rezar uma missa melhor do que Liam.

Depois, o cadáver foi colocado no caixão, e quatro homens o carregaram nos ombros. Três eram baixos e um era alto, e o caixão oscilava terrivelmente.

"Vamos ter de buscar um médico para cortar um pedaço das pernas daquele homem alto, para que ele fique com a mesma altura dos outros", disse um dos homens.

"Fique aqui", disse a menina. "O melhor médico de toda a Irlanda está aqui conosco." E de novo ela olhou direto para Liam.

"Oh, não", disse Liam. "Nunca curei ninguém e não é possível que o faça."

"Claro que é", respondeu ela.

E colocou um bisturi na mão dele. Liam cortou um pedaço de cada uma das pernas do grandalhão, abaixo dos joelhos, colocou as pernas de volta e o deixou com a mesma altura dos outros três. Todos se admiraram com a habilidade dele e concordaram que nunca tinham visto um médico melhor, na Irlanda inteira.

Eles pegaram o caixão e se dirigiram cuidadosamente ao cemitério. Havia uma grande parede de pedra em torno do cemitério, de 3 a 3,5 metros de altura. Eles escalaram a parede e passaram para o outro lado. O último homem no alto da parede era Liam.

Naquele momento, uma forte rajada de vento o elevou bem alto no céu. Soprou-o para o leste, depois para o oeste. Quando ele caiu a Terra, não havia cemitério, ou parede, ou caixão ou funeral. Ele caíra perto do poço onde fora buscar um pouco de água. A água do balde nem tinha secado.

Liam levou o balde para a casa. O casal de velhos estava lá, como ele os tinha deixado. Ele colocou o balde ao lado deles.

"Agora, Liam", disse o velho, "você pode nos contar uma história?"

"Posso", respondeu ele. "Tenho uma história para contar." E contou a eles tudo o que lhe acontecera.

> "Bem, Liam", comentou o velho, "de agora em diante, se qualquer pessoa lhe pedir para contar uma história, conte-lhe essa história. Você é um homem que tem uma história para contar."
>
> Deram-lhe uma cama e Liam dormiu, porque estava cansado, depois de tudo o que passara.
>
> Quando acordou de manhã, estava deitado no vale encantado, com a cabeça apoiada nos dois feixes de junco. Levantou-se, foi para casa e nunca mais trabalhou um dia na vida.

Facilitação

Pratique contar a história. É importante que você se sinta à vontade com ela. Se você reler a primeira parte do livro para rever as diferentes formas com que as histórias funcionam, isso pode ajudar.

Essa história sempre gera uma grande discussão. Se o grupo empacar nas análises, ofereça-lhes algumas ideias sobre o que é uma história, como e por que ela funciona. Depois, chame a atenção deles de volta ao texto.

Exercício 4:
Histórias pontuais (60-90 minutos)

Instruções

1. Desenhe duas colunas em um *flip chart* ou lousa e intitule-as *Papéis* e *Ações*

Papéis	Ações

2. Instrua os participantes a pensar sobre os vários papéis que desempenham no trabalho e em casa, e a escrevê-los na coluna *Papéis*.

3. Coloque uma lista de coisas que eles fazem na coluna *Ações*. Ajude-os sugerindo que uma maneira de gerar uma lista é pensar sobre quais ações eles desempenham nos papéis que listaram.

4. Dê alguns exemplos, e depois deixe que o grupo trabalhe por sua própria conta por cerca de 20 minutos.

5. Pegue um papel da coluna da esquerda e combine-o ao acaso com uma ação na coluna direita. Demonstre, com alguns exemplos, como usar a lista de papéis e ações para desencadear histórias. Dê ao grupo cinco minutos para examinar a lista e criar histórias.

6. Ande pela sala e peça às pessoas que compartilhem uma história ou duas, marcando no *flip chart* os papéis e ações que usaram para criar a história.

Facilitação

Assegure-se de que forneceu muitos exemplos. Tento evitar exemplos que usei com outros grupos, porque quero minhas histórias, e as razões que as desencadearam, sempre novas e espontâneas cada vez que facilito esse exercício. Ver os gatilhos em ação vai ter maior impacto sobre os participantes.

Conforme você começa a prestar mais atenção às histórias, desencadeá-las se torna mais fácil. Cada um de nós tem um tipo de esquema mental que indexa as histórias. O exercício permite que as pessoas experimentem como acessar e estimular seus índices. Os participantes descobrem como ver as inter-relações entre papéis e ações ostensivamente desconectadas.

Ajude aqueles que acharem o exercício difícil. Se necessário, selecione uma ação e um papel ao acaso, para eles. Outros podem ser muito espertos. Estimule-os a ir mais fundo.

Exercício 5:
Pegue a sacola (3-5 minutos por pessoa)

Instruções

1. Encha uma sacola com objetos ao acaso.
2. Faça com que cada pessoa retire um objeto da sacola.
3. Ande pela sala e peça às pessoas que usem o objeto para engatilhar uma história.
4. Certifique-se de que inclui a si mesmo no exercício.

Facilitação

Adoro uma história que meu sogro me contou: Sam trabalhava como diretor de uma funerária. Ele e seus colegas, rotineiramente, desafiavam um certo rabino. Antes da cerimônia de um funeral eles davam ao rabino uma palavra ao acaso – por exemplo, "sorvete". O rabino tinha de encontrar uma maneira de incorporar a palavra em seu louvor ao defunto. Para total surpresa de Sam e seus colegas, não importa qual fosse a palavra, o rabino sempre conseguia encontrar uma conexão entre a palavra e a pessoa de que estava falando.

Do mesmo modo, esse exercício desafia os participantes a gerarem uma história a partir de um objeto ao acaso. Essa pode ser uma maneira simpática de empacotar as atividades do dia, ou de reenergizar um grupo depois de um exercício difícil ou cansativo.

Estimule as pessoas a pensarem para além dos aspectos criativos de inventar uma história a partir de um objeto ao acaso. Você quer que eles estendam a ideia da interconexão para adiante dos objetos ao acaso e das histórias. Eles deveriam ver que uma experiência ou história é uma oportunidade para engatilhar uma outra e ganhar novos *insights*. Segundo Roger Schank, uma das marcas da inteligência é a capacidade de aplicar histórias de um domínio para outro.

Exercício 6:
Clichês (3-5 minutos por pessoa)

Instruções

1. Escreva alguns de seus clichês ou aforismos favoritos em cartões de indexação. Aqui estão alguns, para começar:
    "Não corte o nariz por despeito à sua face".
    "Se a vida lhe der limões, faça uma limonada".
    "Se no início você não tiver sucesso, tente, tente de novo".
    "Num piscar de olhos".
    "Não se pode julgar um livro pela capa".
    "Não deixes para amanhã o que podes fazer hoje".
    "Aprenda com o ontem, viva o hoje, espere o amanhã".
    "Pense grande".
    "É capítulo encerrado".
    "Nem tudo que reluz é ouro".
    "O que você tem hoje, pode não ter amanhã".
2. Peça a cada um dos participantes que retire um cartão de índice, ao acaso.
3. Ande pela sala e peça às pessoas que contem uma história, desencadeada pelo clichê no cartão que tiraram.

Facilitação

Esse exercício dá confiança aos participantes para criar, indexar e contar histórias rapidamente. Os clichês são abstratos e criticados como frases usadas demais, a que falta especificidade. Os participantes verão como as histórias podem trazer abstrações à vida. Como a história que eles contam se conecta ao clichê? Em lugar de articular uma ideia abstratamente, com que rapidez eles podem encontrar uma história apropriada para expressar suas ideias? Ajudar o grupo a imaginar como substituir uma abstração por uma história lhe dará a possibilidade de comunicar-se com maior clareza.

Exercício 7:
Capture e recapture (60 minutos)

Instruções

1. No fim do dia, instrua todos a escrever em um cartão de indexação alguma coisa que aconteceu, ou algo que foi dito durante a seção que realmente se destaca em sua mente.
2. No dia seguinte, peça a cada participante que selecione um cartão de indexação ao acaso.
3. Peça ao participante que conte novamente o evento, ou as coisas que foram ditas, que levaram o evento ou comentário ao cartão de indexação.
4. Compare a história do participante e a interpretação do significado do evento com aqueles da pessoa que escreveu o cartão e com as percepções do resto do grupo.

Facilitação

Esse não é um exercício simples de facilitar e podem ser feitas várias tentativas antes de ele correr bem. O problema é: nem todo cartão de indexação fornecerá uma discussão vigorosa. É útil ler todos os cartões antes e selecionar os mais interessantes, ou pontencialmente provocativos.

Se um determinado cartão de indexação não estiver gerando discussões, passe rapidamente para outro. Escolha com cuidado a pessoa que fala primeiro. Deveria ser alguém que você tem certeza de que pode reconstruir o evento, ou comentário, do dia anterior. Entretanto, se aquela pessoa não souber contar uma história, esse é um *insight* importante em si. O que é memorável para uma pessoa pode não ser importante, ou nem ter sido registrado, por outra.

Depois que uma pessoa tentar fazer o seu relato, peça ao autor do cartão de indexação que compartilhe sua lembrança. Em que os dois relatos diferem? Em seguida, peça ao grupo todo que compartilhe suas memórias e percepções. Há mais diferenças?

Esse exercício demonstra o papel da percepção. Tente ajudar os participantes a descobrirem como as histórias são uma maneira poderosa de compreender nossas percepções e as percepções dos outros.

Exercício 8:
Diálogo de histórias (60 minutos)

Instruções

1. Separe o grupo em pares.
2. Dê a cada par uma lista de tópicos de conversação. Crie uma lista de tópicos para que os participantes escolham. Aqui estão algumas ideias:
   - Escola e professores;
   - Festas de Natal;
   - Férias de verão;
   - Viagem;
   - Comida;
   - Crianças.
3. Os tópicos podem ser a respeito de qualquer coisa. Podem ser genéricos como aqueles mencionados, ou podem ser mais específicos às pessoas e à situação. Em algumas circunstâncias, costumo pedir aos pares que escolham seus próprios tópicos.
4. Uma pessoa do par começa a conversação contando uma história. Cada participante deve responder a uma história com outra.
5. Cada pessoa deveria tomar notas sobre a conversação. Apenas uma palavra ou duas que a ajudarão lembrar-se do desenvolvimento da conversa e sua progressão.
6. Espere 15 minutos pelas conversações de histórias.
7. Ande pela sala e peça a cada par que descreva suas conversas.

Facilitação

Esse exercício ajuda as pessoas a verem o papel que as histórias podem desempenhar na conversa. A melhor resposta a uma história é outra história. Entretanto, certifique-se de que enfatiza que contar histórias não é ultrapassar um ao outro com contos cada vez mais insensatos. Ao contrário, as histórias geram oportunidades para definir um terreno comum e a compreensão das experiências do outro.

Peça aos pares que compartilhem as voltas e giros de sua conversa. Suas notas vão ajudar. Solicite aos participantes que reflitam sobre como as histórias de seu par encadearam outras histórias. Pergunte de que maneira todas as histórias se inter-relacionam.

Solicite ao grupo que caracterize o efeito geral das histórias. Eles percebem qualquer diferença entre uma conversa comum e uma outra, a partir de uma história? Podem imaginar usar histórias em suas conversas diárias? Se alguém puder oferecer um exemplo de uma conversa recente, pergunte como essa conversa teria sido diferente se as histórias tivessem sido usadas.

Exercício 9:
Joanna Macy – aprendendo a ver um ao outro (45 minutos)

Instruções

1. Peça ao grupo que forme pares e se olhem de frente.
2. Explique o exercício. Você lerá uma meditação de autoria de Joanna Macy. Durante a meditação, cada pessoa se sentará diante de seu parceiro e o olhará nos olhos. Às vezes, isso pode não ser confortável. Não estamos acostumados a olhar outra pessoa nos olhos por muito tempo. Estimule as pessoas a relaxarem e a focarem-se nas palavras da meditação.
3. Leia a meditação devagar, com voz suave.
4. Discuta a meditação.

A meditação[1]

Respire profundamente duas vezes, centrando-se em si mesmo e exalando tensão... Olhe nos olhos de seu parceiro... Se você não se sentir confortável, tiver vontade de rir ou olhar de lado, note esse constrangimento com paciência e gentileza e volte, quando puder, a olhar nos olhos de seu parceiro. Você pode nunca mais ver essa pessoa: a oportunidade de contemplar a singularidade desse ser humano específico lhe é oferecida agora...

Enquanto você olha nos olhos dessa pessoa, tome consciência das forças que estão lá... Abra sua consciência para as dádivas, forças e potencialidades deste ser... Atrás daqueles olhos estão reservas imensuráveis de coragem e inteligência... de paciência, resistência, espírito e sabedoria... Há dádivas ali, das quais essa pessoa não tem consciência... Considere o que esses poderes poderiam fazer para curar nosso planeta, se se acreditasse neles e se os deixassem agir... Enquanto você considera isso, tome consciência de seu desejo de que essa pessoa se livre do medo, da cobiça, do ódio e da tristeza e das causas do sofrimento. Saiba que aquilo que você está experimentando é o grande amor-bondade...

Agora, enquanto olha nesses olhos, tome consciência da dor que está lá. Há tristezas acumuladas naquela vida, como em todas as vidas humanas, embora você só possa adivinhá-las. Há decepções, fracassos, perdas, solidão e tormentos... Há mágoas não reveladas... Abra-se para essa dor, para as mágoas que essa pessoa pode nunca ter contado a um outro ser... Você não pode curar essa dor, mas pode estar com ela. Enquanto permite a si mesmo simplesmente estar com esse sofrimento, saiba que o que você está experimentando é compaixão. Isso é muito bom para curar o nosso mundo.

Enquanto olha nos olhos dessa pessoa, considere como seria bom se vocês trabalhassem juntos... em um projeto conjunto, para um objetivo comum... Como seria aceitar riscos juntos... conspirar juntos o entusiasmo e a alegria...

---

1 Reimpresso de *World As Lover, World As Self* (1991), de Joanna Macy, com a permissão de Parallax Press, Berkeley, Califórnia.

celebrando os sucessos, consolando um ao outro nos contratempos, perdoando um ao outro quando você comete erros... e simplesmente estar lá um para o outro... Enquanto você se abre para essa possibilidade, o que você abre é a grande riqueza: o prazer no poder de cada um, a alegria na alegria de cada um.

Por último, deixe que sua consciência se aprofunde dentro de você como uma pedra, mergulhando mais fundo do que o nível que as palavras podem expressar, à profunda teia de relacionamentos que é a base de toda experiência. É a rede da vida em que você começou a ser, em que você é apoiado e que nos entrelaça através de todo espaço e tempo... Veja o ser diante de você como se vê a face de alguém que, em outro tempo, em outro lugar, foi seu amante ou seu inimigo, seu genitor ou seu filho... E agora vocês se encontram novamente neste tempo... E você sabe que suas vidas estão entrelaçadas de modo complexo, como células nervosas na mente de um grande ser... Você não pode cair para fora dessa vasta rede... nenhuma estupidez, ou fracasso, ou covardia poderá jamais retirá-lo dessa rede viva. Porque isso é o que você é... Descanse com esse conhecimento. Descanse na Grande Paz... Fora dela podemos agir, podemos aventurar qualquer coisa... e permitir que cada encontro seja um regresso ao lar para nossa verdadeira natureza... De fato, é assim.

Facilitação

Uma vez, quando facilitei esse exercício, duas pessoas que nunca tinham se encontrado antes eram parceiros. No final da meditação, a mulher perguntou ao homem: "Seu pai faleceu recentemente?".

O homem ficou chocado. O pai dele morrera duas semanas antes. Ele perguntou a ela: "Como você pode saber disso?". Ela respondeu: "Vi isso em seus olhos".

É um exercício poderoso. A habilidade de ver coisas da perspectiva de outra pessoa é uma capacidade humana fundamental mas, em grande parte, dormente. Durante a discussão, ajude o grupo a solucionar seus sentimentos e reações (não faça este exercício se você mesmo não o fez). Uma das primeiras vezes em que fiz esse exercício como participante, fiquei tão autoconsciente que comecei a sorrir e a rir bobamente. Esteja preparado. Algumas pessoas podem não ver valor no exercício, ou podem até ficar zangadas.

Você precisa ajudar o grupo a compreender os imperativos do negócio e as amplas implicações da compaixão. Pergunte a eles que papel a compaixão desempenha na vida profissional. Por que ela é uma qualidade importante para um líder ou gerente? Deixando de lado os aspectos humanitários, a compaixão permite que nos sintonizemos com as necessidades e preocupações das pessoas com quem trabalhamos e com os clientes que atendemos. As histórias são uma maneira de colocar-se no lugar de outra pessoa e de compartilhar nossos pontos de vista com os outros.

Sugestão de leituras

Abrahams, R. D. *African Folktales*. Nova York: Pantheon Books, 1983.

Armstrong, D. M. *Managing by Storying Around: A New Method of Leadership*. Nova York: Doubleday, 1992.

Berman, M.; **Brown**, D. *The Power of Metaphor*. Nova York: Crown House Publishing, 2001.

Boje, D. *Narrative Methods for Organizational & Communication Research*. Londres: Sage Publications, 2001.

Brown, J. S.; **Denning**, S.; **Groh**, K.; **Prusak**, L. *Storytelling in Organizations*: Why Storytelling Is Transforming the 21st Century Organizations and Management. Burlington: Elsevier Butterworth-Heinemann, 2005.

Brown, J.; **Isaacs**, D. *The World Café: Shaping Our Futures through Conversations that Matter*. San Francisco: Berrett-Koehler, 2005.

Bushnaq, I. *Arab Folktales*. Nova York: Pantheon Books, 1986.

Calvino, I. *Italian Folktales*. Nova York: Harcourt Brace Jovanovich, 1980.

Campbell, J. *The Power of Myth with Bill Moyers*. Nova York: Doubleday, 1988.

Canfield, J.; **Miller**, J. *Heart at Work: Stories and Strategies for Building Self-Esteem and Reawakening the Soul at Work*. Nova York. McGrawHill, 1996.

Chinen, A. B. *In the Ever After: Fairy Tales and the Second Half of Life*. Wilmette: Chiron, 1989.

_____. *Once Upon a Midlife: Classic Stories and Mythic Tales to Illuminate the Middle Years*. Nova York: Tarcher/Putnam, 1992.

Clark, E. *Around the Corporate Campfire: How Great Leaders Use Stories To Inspire Success*. Sevierville: Insight, 2004.

Collins, R.; **Cooper**, P. J. *The Power of Story: Teaching through Storytelling.* Boston: Allyn & Bacon, 1996.

Creighton, H. *A Folk Tale Journey.* Wreck Cove: Breton Books, 1993.

Denning, S. *A Leader's Guide to Storytelling.* San Francisco: Jossey-Bass, 2005.

_____. *Squirrel Inc.: A Fable of Leadership through Storytelling.* San Francisco: Jossey-Bass, 2004.

_____. *The Springboard: How Storytelling Ignites Action in Knowledge Era Organizations.* Boston: Butterworth-Heinemann, 2001.

Dorson, Richard M. *Folk Legends of Japan.* Rutland: Charles E. Tuttle, 1962.

Erdoes, R.; **Ortiz**, A. *American Indian Myths and Legends.* Nova York: Pantheon Books, 1984.

Feinstein, D.; **Krippner**, S. *The Mythic Path.* Nova York: Tarcher/Putnam, 1997.

Fulford, R. *The Triumph of Narrative: Storytelling in the Age of Mass Culture.* Nova York: Broadway, 2001.

Gabriel, Y. *Storitelling in Organizations: Facts, Fictions and Fantasies.* Londres: Oxford University Press, 2000.

Gardner, H. *Leading Minds: An Anatomy of Leadership.* Nova York: Basic Books, 1996.

Gargiulo, T. L. *Making Stories: A Practical Guide for Organizational Leaders and Human Resource Specialists.* Westport: Greenwood Press, 2002.

_____. *The Strategic Use of Stories in Organizational Communication and Learning.* Armonk: M. E. Sharpe, 2005.

Garvin, D. A. *Learning in Action: A Guide to Putting the Learning Organization to Work.* Boston: Harvard Business School Press, 2000.

Jensen, B. *Simplicity: The New Competitive Advantage in a World of More, Better, Faster.* Cambridge: Perseus Books, 2000.

Lipman, D. *Improving Your Storytelling: Beyond the Basics for All Who Tell Stories in Work or Play.* Little Rock, August House: 1999.

Maguire, J. *The Power of Personal Storytelling: Spinning tales to Connect with Others*. Nova York: Tarcher/Putnam, 1998.

Meade, E. H. *Tell It By Heart: Women and the Healing Power of Story*. Chicago: Open Court, 1995.

Moore, T. *Dark Nights of the Soul: A Guide to Finding Your Way through Life's Ordeals*. Nova York: Gotham Books, 2004.

Morgan, G. *Imaginization: New Mindsets for Seeing, Organizing and Managing*. Thousand Oaks: Sage, 1993.

Neuhauser, P. C. *Corporate Legends and Lore: The Power of Storytelling as a Management Tool*. Nova York: McGrw-Hill Trade, 1993.

Norgaard, M. *The Ugly Duckling Goes to Work*. Nova York: Amacom, 2005.

Owens, H. *Open Space Technology: A User's Guide*. San Francisco: Berrett-Koehler, 1997.

Parkin, M. *Tales for Change: Using Storytelling to Develop People and Management*. Londres: Kogan Page, 2004.

_____. *Tales for Coaching: Using Stories and Metaphors with Individuals & Small Groups*. Londres: Kogan Page, 2001.

_____. *Tales for Trainers: Using Stories and Metaphors to Facilitate Learning*. Londres: Kogan Page, 1998.

Sawyer, R. *The Way of the Storyteller*. Nova York: Penguin Books, 1976.

Schank, R. *Tell me a Story: A New Look at Real and Artificial Memory*. Evanston: Northwestern University Press, 1995.

_____. R. *Virtual Learning: A Revolutionary Approach to Building a Highly Skilled Workforce*. Nova York: McGraw-Hill, 1997.

Senge, P. *The Fifth Discipline*. Nova York: Doubleday Books, 1990.

Simons, A. *The Story Factor*. Cambridge: Perseus Publishing, 2001.

Stone, R. *The Healing Art of Storytelling: A Sacred Journey of Personal Discovery*. Nova York: Hyperion, 1996.

Tichy, N. M.; **Cohen**, E. *The Leadership Engine: How Winning Companies Build Leaders at Every Level.* Nova York: HarperCollins, 1997.

Wacker, M. B.; **Silverman**, L. L. *Stories Trainers Tell: 55 Ready-To-Use Stories to Make Training Stick.* San Francisco: Jossey-Bass/Pfeiffer, 2003.

Wendover, R.; **Gargiulo**, T. L. *On Cloud Nine: Weathering Generational Challenges in the Workplace.* Nova York: Amacom, 2005.

Wheatley, M. J.; **Kellner-Rogers**, M. *A Simpler Way.* San Francisco: Berrett-Koehler, 1996.

Wolkstein, D. *The Magic Orange Tree and Other Haitian Folktales.* Nova York: Schocken Books, 1978.

Zeitlin, S. *Because God Loves Stories: An Anthology of Jewish Storytelling.* Nova York: Touchstone, 1997.

Outras publicações da Editora Ibpex:

O grande livro das melhores estratégias para sua carreira

Rahild Neuburger

CÓD. C2475
1ª edição | 17×24 cm | 248 p.
ISBN 978-85-7838-800-3

Carreira, ascensão, sucesso no trabalho – por que alguns conseguem tudo de primeira, enquanto outros ficam no meio do caminho? As melhores táticas profissionais, testadas na prática, mostram como você pode usar o próprio potencial da melhor maneira e acelerar sua carreira.

Responsabilidade social e competência interpessoal

Paulo Sertek

CÓD. C317
1ª edição | 15×22 cm | 506 g | 393 p.
ISBN 85-87053-21-3

A rapidez com que as relações entre empresa e trabalhador, cliente e produto, organização e liderança entram em obsolescência preocupa os grandes empreendedores e estudiosos da área de gestão.

Comunicação empresarial eficaz: como falar e escrever bem

Katia Regina Luizari

CÓD. C2390
1ª edição | 17×24 cm | 444 g. | 216 p.
ISBN 978-85-7838-780-8

Este livro visa oferecer, por meio de uma linguagem clara e acessível (e sem fugir da norma padrão), orientações e técnicas para quem deseja tornar seus processos de comunicação mais eficazes, seja em situações informais, seja em ambientes organizacionais.

Ética empresarial na prática: liderança, gestão e responsabilidade corporativa

Mario Sergio Cunha Alencastro

CÓD. C2417
1ª edição | 15×22 cm | 310 g | 184 p.
ISBN 978-85-7838-633-7

Esta obra conceitua e define o que é ética, bem como seu estreito relacionamento com a lei e os costumes estabelecidos na vida em sociedade, oportunizando a discussão das motivações que estão por trás da sua adoção – ou não – no mundo nos negócios.

Esta obra foi impressa pela
Reproset Indústria Gráfica para a
Editora Ibpex sobre papel *offset*
90 g/m² em março de 2011.